メラミンスポンジ　スゴ落ちの裏ワザ

掃除のプロが教える

大津たまみ

青春新書
PLAYBOOKS

掃除のプロの便利ワザや、門外不出の裏テクニックを初公開！

17～18年前に登場し、清掃業界を劇的に変えたメラミンスポンジ。いまや掃除のプロなら100％活用している、画期的なお掃除アイテムです。いまは100円ショップなどでも手軽に購入できるので、一般の人にも大いに利用されています。

しかし、一般の人は私たちのようなプロとは違って、メラミンスポンジの研磨作用を理解しておらず、間違った使い方をしていることが圧倒的に多いものです。そもそも、普通のスポンジとの違いもわかっていないくらい……。メラミンスポンジを普通のスポンジと同じように使っていたら、拭いたものを傷めるといった、危険なトラブルも引き起こしてしまう可能性が高いのです。

本書では、根本的な間違いや基本的な使い方を解説するとともに、掃除のプロならではの便利ワザや、門外不出の裏テクニックを初公開！　加えて、掃除だけではなく、収納グッズとしての意外な活用法も紹介しています。

さあ。暮らしにもっとメラミンスポンジを取り入れましょう！

掃除のプロが教える メラミンスポンジ スゴ落ちの裏ワザ 〈もくじ〉

メラミンスポンジの賢い使い方

まず、基本的なところから。そもそも、メラミンスポンジって何？ 14
100円ショップの商品からプロ仕様まで、メラミンスポンジにはグレードがある 16
メラミンスポンジの危険な使い方❶…皮膚や歯に使うと大きなダメージが！ 18
メラミンスポンジの危険な使い方❷…コーティング加工された部分は傷つく！ 20
メラミンスポンジの危険な使い方❸…鏡面加工されているところも傷つきやすい！ 21
メラミンスポンジの危険な使い方❹…くもり止め加工されている鏡も樹脂がはがれる！ 22
メラミンスポンジの危険な使い方❺…アクリル水槽の素材はメラミン樹脂よりも軟らかい！ 23
メラミンスポンジの危険な使い方❻…フローリングの床をこすると、ワックスがはがれる！ 24
メラミンスポンジの危険な使い方❼…便器の内側も、コーティング加工がはがれる！ 25
メラミンスポンジの危険な使い方❽…新築の住宅は、そもそも汚れが積もっていない！ 26
メラミンスポンジで掃除する前に、使っていい素材かどうか確認を！ 27
メラミン樹脂の安全性は？ 素手で扱っても大丈夫。でも、十分手洗いを 28
メラミンスポンジは固くてツルツルしたところが得意 30

31 メラミンスポンジの得意な汚れ①…流し台や洗面台、お風呂などの水垢
32 メラミンスポンジの得意な汚れ②…キッチンの油汚れ
33 メラミンスポンジの得意な汚れ③…食器の黄ばみ、黒ずみ
34 メラミンスポンジの得意な汚れ④…ゴムパッキンなどについた汚れ
35 メラミンスポンジの得意な汚れ⑤…玄関の床の土汚れ
36 **column** メラミンスポンジで遊ぼう！ **音フェチにはたまらない「メラミンスライム」**

メラミンスポンジの基本ワザ

38 メラミンスポンジの使い方には、ちょっとしたコツがある
42 掃除のプロフェッショナルは、メラミンスポンジを加工して使っている！
43 大きくカット　小さくカット
44 マンゴーカット
45 斜めカット
46 三角カット
47 筋切りカット
48 メラミンクロス

49 挟み込みメラミンクロス
50 割りばしメラミン
51 爪楊枝メラミン
52 竹串メラミン
53 みかんネットメラミン
54 ハンドパッドメラミン
55 フローリングワイパーメラミン
56 ドライシートメラミン
57 ホットメラミン
58 メラミン＋洗剤
59 メラミン＋重曹水
60 メラミン＋研磨剤
61 メラミン＋歯ブラシ
62 使い終わったら、すぐにきちんと手入れする
63 どういう状態になったときが、使い終わりの合図？
64 **column** メラミンスポンジで遊ぼう！ **ネイルや家具にグラデーションの彩色を**

キッチンをピカピカにする便利ワザ

66 ガスレンジの五徳…［固く絞って、強めにこする］
67 ガスレンジのバーナーリング…［細かい凹凸をなぞってキレイに］
68 魚焼きグリル…［奥まで差し込んで、しっかりこする］
69 シンク…［特に四隅を重点的にこする］
70 換気扇…［しつこい油汚れは2ステップで］
72 冷蔵庫…［棚とパッキンは違う方法で］
74 キッチンカウンター…［油が原因の黄ばみはまず温めて］
75 電気コード…［コードを挟んで軽く動かす］
76 ゴミ箱…［香りの力を借りて虫よけ］

キッチングッズの清潔さを保つ秘訣

78 湯呑み…［しつこい茶渋は温めて除去］
80 長いコップ…［残りやすい底の汚れを落とす］

82 包丁…［メラミンだけでは錆は落とせない］
84 まな板…［除菌と汚れ落としを効率良く行う］
86 急須の注ぎ口…［細長くカットして差し込む］
87 電子レンジ…［油汚れを緩めてはがす］
88 電気ポット…［固まったカルキを緩めて取り除く］
89 弁当箱…［狭い部分はメラミンで掃除］
90 鍋の外側…［汚れに合わせて3ステップで］
92 水筒…［ネットとメラミンのダブル攻撃で］
94 ジャムの瓶…［ラベルはがしに威力を発揮］

部屋がぐっと美しくなるスゴワザ

96 合皮の椅子…［軽く拭いて手垢を落とす］
98 合皮のソファ…［座る場所を重点的に拭く］
99 照明のスイッチ…［アルカリ性洗剤を染み込ませて］
100 棚…［たまった汚れをひと拭きで］
101 造花…［葉を挟み込んで、裏表を］

102 照明器具のカサ…［器具から外して軽く拭く］
103 ドアの取っ手…［包み込んで拭くのがコツ］
104 壁紙…［ヤニ汚れを緩ませてはがす］
106 エアコン…［内部のカビを簡単に取り除く］
108 床のワックスがけ…［ムラにならず、均一に仕上がる］
110 机の落書き…［油性の汚れもメラミンでOK］
112 広い机の上…［重ね使いでスムーズに］
114 シミ…［不気味な虫を香りで予防］
116 和室の引き戸…［軽くこすると、簡単にキレイに］

窓の明るさをキープする極意

118 サッシのレール…［レール全体をまるごとキレイに］
120 網戸…［両手使いで、裏表を同時に］
122 エンボス加工の窓…［へこんだ部分の汚れも取り除く］
123 ブラインド…［両側から挟み込んで拭く］
124 シャッター…［外側の汚れはメラミンで］

お風呂がもっと快適になる裏ワザ

126 天井…［高い場所でも掃除が楽々］
128 浴室の排水口…［2本刺して安定させて使用］
129 ヘアピンなどから移った錆…［軽くこするだけで取り除ける］
130 浴室のトビラの下側…［狭い場所でも手入れ可能］
132 カラン…［巻きつけて滑らせる］

トイレ・洗面所をキレイにするコツ

134 手すり…［薄くカットし、包み込んで拭く］
136 トイレの排水口…［汚れた部分を触らずに掃除］
137 洗濯機…［すき間に差し込み、汚れを掻き出す］
138 メイクボックス…［オイルを含ませて、全面を拭く］

玄関・ベランダが見違えるひと工夫

140 玄関タイル…「イヤな黒ずみはメラミンで取る」
142 ベランダの手すりの壁…「まずは水だけ、次は洗剤併用で」
144 ベランダの手すり…「ときにはしっかり汚れ落としを」
145 物干し竿…「竿を握って、左右に動かすだけ」
146 庭履きサンダル…「単純な土汚れは簡単に落ちる」

モノが新品同様になるアイデア

148 バッグ…「油を含んでいる手垢を緩ませて」
149 パソコンのキーボード…「キーボードのすき間を簡単に掃除する」
150 自転車…「泥落としや錆取りに効果あり」
152 スニーカー…「ソールの側面はメラミンにお任せ」
153 上履き…「ゴムの部分には洗剤は必要なし」
154 ゴルフシューズ…「合成皮革製ならメラミンで」

155 ゴルフクラブ…「染みついてしまった頑固な汚れも落とせる」
156 バット…「金属のアイテムはメラミンが効果大」
157 ランドセル…「背中の汗汚れを重点的に落とす」
158 アクセサリー…「くすんだ表面をピカピカに仕上げる」
159 ジッポー…「ダブルの研磨作用で輝くシルバーに」
160 墓…「固い墓石はメラミンでOK」
162 扇風機…「羽根とカバーの汚れ落としを」

メラミンスポンジは収納でも大活躍！

164 ぴったり収納
166 刺して収納
167 高さをバランス良く調整
168 姿置き収納

169 メラミンスポンジ　基本ワザ・裏ワザ別インデックス

メラミンスポンジの賢い使い方

意外に知られていないのが、
メラミンスポンジの正しい使い方。
やってはいけないNG事項と、
得意な汚れ落としについて、
しっかり理解しておきましょう。

まず、基本的なところから。そもそも、メラミンスポンジって何？

皆さんが普段、何気なく使っている、真っ白くて四角いメラミンスポンジ。値段が安く、手軽に使えて、さまざまなものをキレイにする効果は抜群！　とても便利なお掃除アイテムとして、欠かせない存在になっています。

では、そもそもメラミンスポンジとはいったい何でしょう？　その正体を知らずに、間違った使い方をすれば、キレイにするどころか、逆に傷つけてしまうことになりかねません。正しい知識を身につけたうえで、特性に合わせた使い方をするようにしましょう。

メラミンスポンジは一見、食器洗いなどに使う、一般的なスポンジによく似ています。しかし、まったく違うものだと考えてください。

食器洗い用スポンジはウレタンフォームや不織布などで作られています。これに対して、メラミンスポンジはメラミンとホルムアルデヒドによる特殊な素材、メラミン樹脂が網目状になってできています。

メラミン樹脂はウレタンフォームなどと比べて、ずっと固いのが特徴です。固くて細かい網目が汚れた部分に絡みつき、独特の研磨作用により、汚れを素材からはがし取ってキレイにします。

このとき、汚れに絡みついたメラミン樹脂自体も、小さなカスとなって少しずつ削り落とされます。こうした作用から、メラミンスポンジは消しゴムのようなものだといっていいでしょう。

食器洗い用スポンジの場合、ガラス製のコップや陶器はもちろん、軟らかい木のお椀などをごしごし洗っても傷つくことはありません。ところが、メラミンスポンジを食器洗い用スポンジと同じように使うと、その研磨作用によって、トラブルを起こしてしまう恐れがあるのです。

メラミンスポンジは、とても便利で有効なお掃除アイテムですが、使い方によっては大きなトラブルの元になってしまいます。このことをしっかり理解したうえで、活用するようにしましょう。

１００円ショップの商品からプロ仕様まで、メラミンスポンジにはグレードがある

いまや必須のお掃除アイテムとなったメラミンスポンジ。１００円ショップやドラッグストア、スーパーマーケットなどのほか、インターネット通販でも簡単に購入することができます。

とはいえ、ひと口にメラミンスポンジといっても、いろいろな種類のものが販売されています。どういった商品を買えばいいのか、迷ってしまう人も少なくないのではないでしょうか。

最も手軽に購入できるのは、１００円ショップで売っている身近なものでしょう。安価で買い求めやすいため、掃除をして汚れてしまったら、「もったいない…」とあまり思うことなく、早めに使い捨てしやすい商品です。

しかし、私たち掃除のプロは、こうした１００円ショップで買えるようなものはほとんど使いません。じつは、メラミンスポンジにはグレードがあり、数倍高価なプロ仕様の商品で掃除をしているのです。

メラミンスポンジのグレードは、密度や耐久性によって決まります。触って比べるとすぐにわかりますが、プロ仕様のメラミンスポンジは、100円ショップのものよりも固いのが特徴です。これは、密度が高くて網目がより細かく入っており、耐久性も高いということを意味しています。

こうした素材の構造の違いから、値段が高めのメラミンスポンジはなかなか劣化しません。これに対して、100円ショップで買えるものは、使うたびにボロボロはがれて、すぐに小さくなってしまいます。

私が創業したお掃除会社「アクションパワー」の調べでは、両者のメラミンスポンジを5日間、連続して使った結果、高価なものは安価なものと比べて、10倍以上の耐久性があることがわかりました。

コストパフォーマンスの面から考えると、財布に優しいのは、意外にも高価なメラミンスポンジのほうなのです。これからは、こちらのタイプをメインで使うことをおすすめします。

メラミンスポンジの危険な使い方❶

皮膚や歯に使うと大きなダメージが！

メラミンスポンジは、食器洗い用のスポンジとは違って、相当な研磨作用を持っています。この大きな特徴から、使う場所によっては危険だったり、素材が傷ついたりすることがあるので、十分注意しなければなりません。

絶対にやってはいけないＮＧ行為のひとつは、皮膚をこすること。例えば、子どもの腕に油性のマジックなどがついてしまったとき、親がメラミンスポンジで軽く拭いてあげて、消そうとするケースがあるようです。

確かにこうすれば、マジックの汚れ自体は取れるかもしれません。しかし、絶対に試してみてはいけません。メラミン樹脂の研磨作用によって、汚れと一緒に皮膚の表面が削れてしまい、すり傷と同じ状態になってしまうからです。赤くこすれて、ヒリヒリと痛くなるに違いありません。

同じ意味から、黄ばんだ歯を白くするホワイトニングに使うのも厳禁です。インターネットで検索すると、「メラミンスポンジで歯を磨いたら白くなる」といった内容のサイトがあるようですが、決して真似をしてはいけません。

ペットの歯に使うのも、同じように禁物です。特にネコの歯は表面がやや黄色っぽいので、一見、汚れているように見えます。こうした歯をキレイにしようと、まるで湯呑みの茶渋を取り除くような感覚で使うケースがあるようです。

メラミンスポンジで歯を拭くと、黄ばんだ部分などが取れて、磨く前よりも多少白くなることもあるでしょう。しかし、研磨作用によってはがされるのは、黄ばみだけではありません。歯の表面を覆っている大切なエナメル質も、少なからず削れてしまうのです。さらに、削れて傷ついた部分には汚れがたまりやすくなるので、虫歯を引き起こす恐れが高まってしまいます。

歯をこすった場合、口のなかにメラミンスポンジのカスが入ってしまうのも問題です。原料のひとつであるホルムアルデヒドは人体に有害で、新築住宅のシックハウス症候群の原因にもなる物質。口のなかに入って、少しでも飲み込んでしまうと、体に害を及ぼす恐れがあります。

メラミンスポンジの危険な使い方❷

コーティング加工された部分は傷つく！

実際にメラミンスポンジを使う際、最もやりがちな失敗が、コーティング加工されているスベスベの洗面台や浴槽などをこすること。このようにすることで、せっかくのコーティング剤が削れてはがれてしまいます。

知らない人も多いようですが、近年の住宅は、コーティング加工されている部分が非常に増えてきました。表面をツルッとさせると、撥水《はっすい》作用によって汚れがつきにくくなり、いったん汚れても落としやすくなります。こうしたコーティング加工されているところの代表が、洗面台や浴槽なのです。

ただ、じつは掃除のプロは、コーティング加工されているところでも、表面だけの汚れを落とすためにメラミンスポンジを使っています。しかし、これは経験を積んだプロだからこそできる特殊なテクニック。非常に微妙な力加減が必要なので、一般の人は決して行わないようにしてください。

メラミンスポンジの危険な使い方❸

鏡面加工されているところも傷つきやすい！

ツヤツヤ、ピカピカで、清潔感と高級感をかもしだす鏡面加工。冷蔵庫や収納棚のトビラ、テーブルの天板、テレビ台、ＡＶラックなど、さまざまな部分に使われている加工の仕方です。

こうした鏡面加工されているところも、メラミンスポンジを使って掃除するのは禁物。わざわざ、表面に傷をつけにいくようなもので、せっかくの美しさが台無しになってしまいます。

車のボディも、鏡面加工されている部分の代表。ホースで水をかけながら手洗いするよりも、メラミンスポンジを使ったほうが楽に汚れを落とせそうですが、やはりやってはいけません。インターネットでメラミンスポンジによる洗車方法をアップしている動画もあるようですが、絶対に真似をしないでください。試してみると、間違いなく傷だらけになるはずです。

メラミンスポンジの危険な使い方❹

くもり止め加工されている鏡も樹脂がはがれる！

浴室や洗面台の鏡が汚れると、映っている姿がぼやけたり、ゆがんで見えたりしてしまいます。こうした場合、メラミンスポンジでこすってみたくなりそうです。もちろん、汚れ自体は簡単に落とせるでしょうが、取り返しのつかない事態になる恐れがあるので、決してやってはいけません。

メラミンスポンジを使うと後悔することになるのは、くもり止め加工が施された鏡です。見ただけではわかりにくいのですが、表面が樹脂でコーティングされているタイプが最近増えているのです。

くもり止め加工されている鏡をメラミンスポンジでこすると、研磨作用によって樹脂がはがれて、白い線がスーと入ってしまいます。こうしていったん傷つくと、もう元に戻すことはできません。どういった鏡なのか確認したうえで、汚れ落としの方法を考えるようにしましょう。

メラミンスポンジの危険な使い方⑤

アクリル水槽の素材はメラミン樹脂よりも軟らかい！

熱帯魚や金魚を飼育する水槽には、ガラス製とアクリル製の2タイプがあります。長い間、高い透明度を保ちやすい反面、衝撃を受けると割れてしまうのがガラス水槽。これに対して、アクリル水槽は軽くて扱いやすく、なかなか割れない反面、素材が軟らかいので傷がつきやすいという欠点があります。

ガラスの水槽の場合、メラミンスポンジを使って汚れを落としてもOK。けれども、水槽がアクリル製ならNGです。飾りとして入れておく石が当たった程度でも、アクリル水槽は傷ついてしまうほど。研磨作用のあるメラミンスポンジでこすったら、傷ついた部分が白くなって、泳いでいる魚が見えにくくなってしまいます。

アクリル水槽の水垢はメラミンスポンジで落とそう、とすすめるウェブサイトもあるようです。しかし、水槽を傷つけたくないのなら、そういった情報を鵜呑みにしないほうがいいでしょう。

メラミンスポンジの危険な使い方❻

フローリングの床をこすると、ワックスがはがれる！

フローリングの床に、掃除機と雑巾がけだけでは落ちそうにない、しつこい汚れがこびりついていることがあります。こうした場合、メラミンスポンジの出番だと思うかもしれません。

しかし、決して試さないようにしましょう。フローリングの上に塗られているワックスは、とても軟らかい素材なので、メラミンスポンジで軽くこすっただけで、簡単にはがれてしまいます。

床についてはフローリングだけではなく、塩化ビニル製のフロア材を使っているタイプも注意が必要です。こうした床にも、ワックスがかけられていることがあるので、メラミンスポンジで拭くのは控えましょう。

想像以上に強い研磨作用を持っているのがメラミンスポンジ。軟らかい素材には使わないのが、基本中の基本です。

メラミンスポンジの危険な使い方❼

便器の内側も、コーティング加工がはがれる！

最近の住宅に備えつけられる機器は、掃除の手間がかからないものにどんどんシフトしています（家にあるもので汚れ予防をする方法は、前著『「汚れ予防」のコツと裏ワザ』で紹介しています）。なかでも人気なのが、表面をコーティング加工することにより、汚れや水垢などを付着しにくくしたタイプです。

水回りでは、洗面台や浴槽のほか、便器もコーティング加工されたものが増えてきました。このタイプの便器の場合、しつこい汚れがついても、メラミンスポンジは使わないようにしましょう。便器のコーティング加工も、メラミンスポンジでこすると簡単にはがれます。その結果、撥水効果がなくなり、汚れやすくなってしまいます。

便器のコーティング加工は、内側だけに施されていることが多いようです。便器の外側とタンクの水受け部分については、コーティング加工の有無を確認したうえで、メラミンスポンジを使ってもかまいません。

メラミンスポンジの危険な使い方❽

新築の住宅は、そもそも汚れが積もっていない！

家を新しく建てた、あるいは新築のマンションを購入した場合、キレイなままの状態をキープしようと、掃除に精を出す人は多いことでしょう。しかし、メラミンスポンジを使って掃除をするのは逆効果。かえって、汚れがつきやすい状態にしてしまう恐れがあります。

メラミンスポンジが効果を発揮するのは、汚れがある程度積もって、普通に雑巾などで拭いても取れにくくなったところ。新築の住宅の場合、そこまで汚れているわけがないので、そもそもメラミンスポンジを使う必要がないのです。

汚れがまだ少ない時期、日々の掃除で使うべきアイテムは、メラミンスポンジのような研磨作用のあるものではありません。掃除機をかけたり、雑巾で水拭きや乾拭きをする程度で十分でしょう。過ぎたるは及ばざるが如し。メラミンスポンジの出番が必要なのは、まだまだ先のことです。

メラミンスポンジで掃除する前に、使っていい素材かどうか確認を！

メラミンスポンジが汚れ落としに効果を上げるのは、適度な研磨作用があるからです。しかし、その一方で、軟らかい素材は簡単に傷つけ、はがして、削り落としてしまうという欠点があります。

失敗しないためには、いきなり全力で掃除に取りかからないことが大切。とりあえず、目立たないところを軽く拭いて、使ってもいいかどうかチェックします。試しにちょっとだけ拭いたら、指で触ってみましょう。コーティングや塗装された部分がはげた場合、ザラッとした感じになります。こういう感触があったら、そこにはメラミンスポンジを使ってはいけません。

近年、新しい素材がどんどん開発されています。「危険な使い方」で紹介したパターンだけではなく、「傷つくかも？」と少しでも思ったら、使えるかどうかを必ず試すようにしましょう。

メラミン樹脂の安全性は？
素手で扱っても大丈夫。でも、十分手洗いを

メラミンスポンジには研磨作用があると、これまで何度も触れてきました。この特徴から、素手で扱うのは安全なのか？ 汚れた部分だけではなく、皮膚も削れてしまうのではないか？ と思われる人がいるかもしれません。

基本的には、指でつまんでこする程度の力では、皮膚が傷つくことはありません。この点では安心して使ってください。

ただし、少し気になるのは、メラミンスポンジの材料であるメラミンとホルムアルデヒドです。じつは、どちらの素材も、触れることによって軽い皮膚障害を起こす可能性があります。

多くの人はさほど問題がないとは思いますが、掃除が終わったら、しっかり手を洗うようにしましょう。皮膚の弱い人の場合、炎症を起こさないために、より念入りに洗ったほうがいいかもしれません。そもそもメラミンスポンジは、人体用ではなく、

掃除用に開発された商品なのです。

また、メラミンスポンジで汚れた場所をこすったら、消しゴムカスのような小さなカスが出ます。これらも口に入れないようにしなければいけません。例えば、茶渋のついた湯呑みを洗ったら、剥がれ落ちた汚れのなかに、メラミンスポンジのカスも混じっているはず。次にお茶を飲むとき、そういったカスも一緒に口に入れないように、よく洗ってすすいでおくことが大切です。

メラミンスポンジが清掃業界で使われるようになった当時、掃除をすると、カスがたくさん出ていました。あのころに比べると、メラミンスポンジも随分進化しましたが、それでもやはり、ある程度のカスは出てしまいます。

使ったあとで水洗いすると、そうしたカスが下水に流れていくことになります。化学物質なので、環境に対する影響がちょっと気になるところですが、下水処理場で濾《ろ》過《か》されるので問題はありません。また、メラミンスポンジを使った掃除では、洗剤を使わないケースが多いので、こうした面からも、環境に優しい掃除アイテムといえるでしょう。

メラミンスポンジは固くてツルツルしたところが得意

メラミンスポンジが苦手とするのは、軟らかくて傷つきやすい素材や、コーティング加工をしているところ。これに対して、固くてツルツルしている場所では、研磨作用を大いに発揮することができます。

アクションパワーで一般家庭を調査したところでは、メラミンスポンジがよく使われている家のなかの場所は、①キッチン、②洗面台、③トイレという順でした。確かに、こうしたところには、ステンレスや金属、陶器、鏡など、メラミンスポンジが得意とする素材が多く備えられています。

メラミンスポンジを使うと、固くてツルツルしたところなら、ほとんどの汚れを落とすことが可能です。なかでも、水垢や油汚れ、食器などの黄ばみや黒ずみ、ゴムの黒っぽい汚れ、こびりついた土や泥の汚れは得意中の得意。では、それぞれの汚れの落とし方について、次ページから説明していきましょう。

メラミンスポンジの得意な汚れ①

流し台や洗面台、お風呂などの水垢

キッチンの流し台や洗面台、お風呂、トイレなどの水回りは、どうしても水垢で汚れてしまいます。水垢の正体は、水道水に含まれているカルシウムやマグネシウムなどのミネラル成分。濡れる、乾く、濡れる、乾く……というサイクルを繰り返すことによって、どんどん蓄積して厚みのある汚れになっていきます。

こうした積み重なった汚れは、メラミンスポンジの得意とするところ。多くの場合、固い汚れではないので、軽くこするだけで取り去ることができます。

水回りのなかでも、頑固にこびりついているのは蛇口回り。1日のなかで、何度も濡れて乾いていくうちに、汚れとなって積み重なるようになります。見落としがちなところなので、意識して丁寧に拭くようにしましょう。

シンクのなかで水垢が特に多いのは、四隅のカーブ。メラミンスポンジをしっかり当てて、しつこい汚れを落とすようにします。

メラミンスポンジの得意な汚れ②

キッチンの油汚れ

掃除をしても、完璧にキレイにするのは難しいのが、キッチンの油汚れ。炒め物や揚げ物の際に油が飛び散り、それにほこりが混じることによって、ベトベトしたイヤな汚れになってしまいます。

油汚れは、布で拭くだけでは取れにくいもの。しかし、いまはメラミンスポンジという強い味方があります。キッチンコンロやキッチンパネルなどのネットリした油汚れのある部分を拭いて、こそぎ落としてキレイにしましょう。

油汚れを拭いたら、メラミンスポンジも当然、汚れてしまいます。よく洗ったら何度も使えるのがメラミンスポンジのメリットですが、ひどく汚れてしまった場合は、捨ててしまってもいいでしょう。こうしたベトベト汚れを掃除する際は、捨ててもあまり惜しいとは思わずに済む、１００円ショップで手に入る安いメラミンスポンジを使うのがいいかもしれません。

メラミンスポンジの得意な汚れ③

食器の黄ばみ、黒ずみ

メラミンスポンジは、ほとんどの汚れを落とすことができます。なかでも得意とするのが、食器などについている黄ばみ。湯呑みやコーヒーカップの内側についている茶渋などは、とても簡単に落とすことができます。

ただし、底の丸い縁の部分についている汚れが入り込んでしまって、なかなかキレイになりにくいことがあります。こうしたときには、次の章で紹介する「割りばしメラミン」（P50参照）を使って汚れを落としましょう。

メラミンスポンジでいくら拭いても、汚れが取れないことがあるかもしれません。この場合、すでに細かいキズが入っていて、そこに汚れが入り込んでいることが考えられます。漂白剤に浸けてキレイにするようにしましょう。

なお、食器にもコーティング加工されているものがあります。気になる場合は、目立たないところを少しだけ拭いて、チェックしてみるといいでしょう。

メラミンスポンジの得意な汚れ④
ゴムパッキンなどについた汚れ

メラミンスポンジを使う素材としては、本来、固くてツルツルしたものが適しています。しかし、もっと軟らかい素材であるゴムにこびりついた汚れも、力を入れずに拭くことによって取り除けます。

なかでも、メラミンスポンジでしか落とせないのが、冷蔵庫のゴムパッキンなどのすき間に入り込んだ汚れ。こうした細かい部分の汚れは、布で拭いても届かないので、なかなかキレイにすることはできません。そこで、メラミンスポンジの出番。細かい部分に適した「爪楊枝メラミン」（P51参照）を差し込み、ゴムパッキンの表面を軽く拭くと、この厄介な汚れを落とすことができます。

力を入れてゴシゴシこすらない限り、ゴム自体がこすれてボロボロになることはないでしょう。ただし、すでにゴム自体が劣化して、かなり弱くなっている場合、メラミンスポンジは使わないほうが無難です。

メラミンスポンジの得意な汚れ⑤

玄関の床の土汚れ

玄関は住まいの顔。いつもキレイで清潔にしていたいものですが、どうしても床のタイルに土汚れがついてしまいます。

さほど汚れていないのなら、ほうきで掃いたり、雑巾をかけたりすれば落とせますが、こびりつくと簡単には取れなくなるものです。しかも、床がでこぼこしたエンボスタイプの場合、汚れがへこんだ部分に入り込んでしまうので、キレイにするのは容易ではありません。こういった厄介な汚れも、メラミンスポンジを使えば取り除くことができます。

玄関タイルをメラミンスポンジで掃除する場合、腰を落としてしゃがみ込みながら行うので、やや力が入りにくいかもしれません。できれば、掃除のプロが使っている「ハンドパッド」を購入。その先にメラミンスポンジを取りつけた「ハンドパッドメラミン」（P54参照）でこすると、力がしっかり入って汚れが落ちやすくなります。

column

メラミンスポンジで遊ぼう!

音フェチにはたまらない「メラミンスライム」

メラミンスポンジを利用できるのは、掃除のときだけではありません。加工しやすいという特性から、遊びのアイテムとしても使うことができます。

いま人気を集めているのが、メラミンスポンジにスライムの原料を染み込ませて作るメラミンスライム。ホウ砂を水に溶かして洗濯のりに加え、これにメラミンスポンジを浸け込んで固まったらできあがり。浸透液に食紅なども加えると、見た目も鮮やかな色つきスライムになります。なお、ホウ砂は医薬品なので、子どもが扱う場合は、口に入れないように十分注意してください。

メラミンスライムの最大のお楽しみは音。ちぎったり、切ったり、爪楊枝で刺したりするたびに、ジュヴァ、ブチュ、ジュバジュバ……といった、“音フェチ”にはたまらない不思議な音がします。

メラミンスポンジの基本ワザ

メラミンスポンジの長所のひとつが、
簡単に手でちぎったり、
カッターナイフでカットできること。
拭くものの性質や場所に応じて、
最も良いやり方で行いましょう。

メラミンスポンジの使い方には、ちょっとしたコツがある

Point 1 水分を多く含ませないと、お掃除効果は激減！

メラミンスポンジを乾いたままで使うと、軟らかい素材なら、表面がガリガリ削れてしまうこともあります。適度な研磨作用を働かせるには、ちょうどいい具合に濡らした状態で使わなければいけません。

手順としては、まず水で濡らし、そのあとで絞って水分を調整します。濡らす際には、水をたっぷり含ませる必要がありますが、意外なほど多くの人が、ちょっと濡らすだけにとどめているようです。これでは、水を絞ったときに、メラミンスポンジの内部に水分があまり残らなくなってしまいます。

メラミンスポンジは乾いているときには真白い色をしていますが、しっかり濡らすと、半透明のぼんやりした白色に変わります。何かにたとえるとすると、ちょうどナタデココのような色。そこまで色が変化するまで、しっかり濡らさなければ、水を絞ったときにカスカスの状態になってしまいます。

Point 2 強く絞らないで、水を多めに含ませる

濡らしたままのビショビショな状態で使うと、水がどんどん流れ落ちて大変。そこで、軽く絞って、水をある程度落とすようにします。ここで間違えやすい失敗が、ギューと力を込めて絞ること。こうすると水分が抜け過ぎて、使うときに危険な状態になってしまうのです。

なかに含まれている水分が少ないほど、メラミンスポンジの研磨作用はアップ。水分の足りないカスカスの状態で使うと、素材の表面を簡単に削り、傷つけてしまう恐れがあります。また、水分が少ない状態で使うと、メラミンスポンジ自体も削れやすいので、カスがどんどん出ていきます。この結果、あっという間にボロボロになって、使えない状態になってしまうのです。

水は決して絞り過ぎず、メラミンスポンジのなかに水分を十分残しておくのが大切

です。例えていえば、高野豆腐。一見そうは見えなくても、じつはなかに水分をたっぷり含んでいる状態がベストです。使い慣れていない人は、つい強めに力を入れることが多いので、意識して弱めに絞るようにしましょう。

Point 3 素材を傷つけないように、軽くこする

こするときには、力を入れ過ぎないようにするのが最大のポイントです。メラミンスポンジはあくまでも研磨材なので、ゴシゴシこすると素材を傷つける恐れがあります。基本的に、最初はごく軽くこすって、汚れが取れない場合、力を少しずつ強めていくようにしましょう。

Point 4 カスを洗い流して仕上げる

メラミンスポンジで掃除をすると、メラミン自身もややはがれてカスが出ます。人体にはあまり良いものではないので、しっかり水洗いや水拭きをして、カスを残さないようにしましょう。

メラミンスポンジの正しい使い方

濡らす
◎しっかり濡らす
◎ナタデココのような半透明の状態に

↓

絞る
◎軽く絞る
◎高野豆腐のような水をたっぷり含んでいる状態に

↓

こする
◎軽くこする
◎はじめはごく弱くこすり、徐々に力を加えていく

↓

仕上げる
◎カスを残さないように、水洗いや水拭きを

掃除のプロフェッショナルは、メラミンスポンジを加工して使っている！

適当な大きさに切って、濡らして絞って、汚れている部分をこする。これがメラミンスポンジの基本的な使い方です。でも、このシンプルな利用の仕方だけではもったいない……。メラミンスポンジは、じつに使い勝手のいいお掃除アイテム。私たち掃除のプロは、もっといろいろなやり方で掃除に活用しています。

メラミンスポンジの大きな特徴は、研磨作用を持つ一方で、素材自体に適度な軟らかさもあること。このため、カッターナイフなどを使って、簡単にカットしたり、さまざまな形に変えたりと、自由自在に加工することができます。ほかのお掃除アイテムとは違う、この長所を利用しない手はありません。

では、プロが現場で使っているメラミンスポンジの活用法を紹介しましょう。どれも手軽に加工できて、汚れ落とし効果も抜群のテクニックです。ぜひマスターして、掃除に取り入れてください。

大きくカット 小さくカット

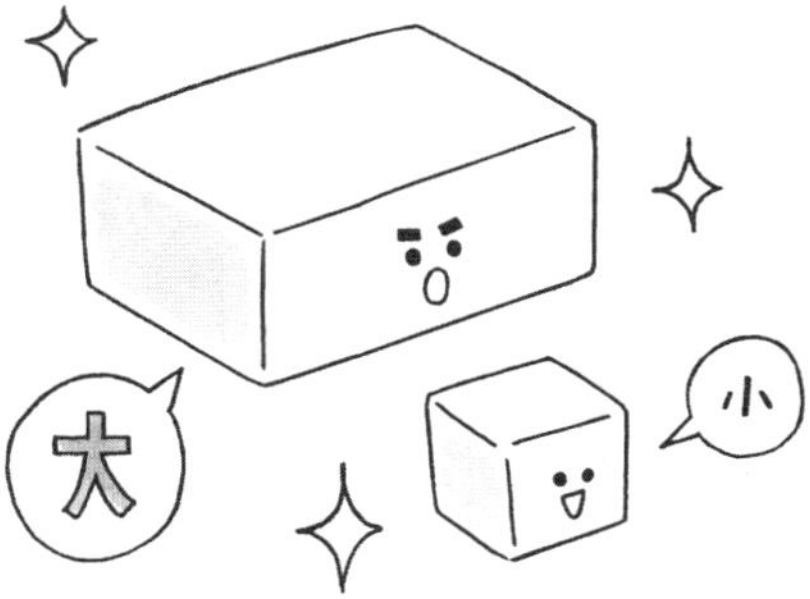

掃除する場所に合わせて、使いやすい大きさにカット

メラミンスポンジには大きめのサイズのものと、あらかじめ小さくカットされているタイプがあります。おすすめは大きめサイズ。掃除するものの大きさや形に合わせて、自由に切り分けられるからです。基本的に、床などの広いところには大きめ、家具や家電の細かい部分やアクセサリーなどには小さめに切り離して使うと、効率がぐっとアップします。

大きくカットする場合は、カッターナイフの刃を長く出して、一気に切るようにするのがコツ。短めの刃で切ると、ノコギリのように何度も歯を動かさないと切り離せないので、断面がギザギザになって、掃除のたびにボロボロはがれてしまいます。

マンゴーカット

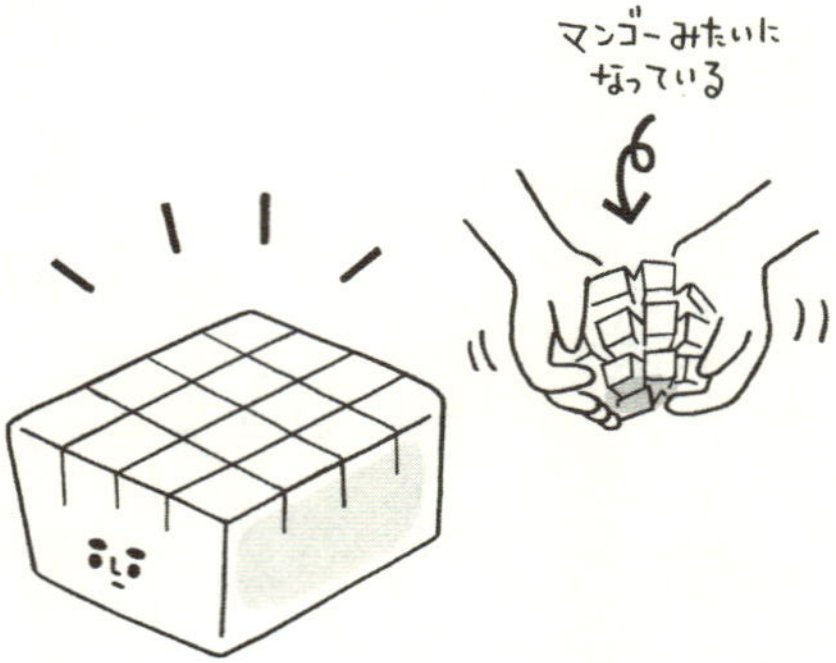

房が開いて掃除する部分に密着し、より高い効果を得られる

カットしやすいメラミンスポンジならではの加工の仕方が「マンゴーカット」。トロピカルフルーツのマンゴーは、大きめの格子状に筋を入れ、いくつもの房が開いたような形で盛りつけます。この見た目がユニークなカットの仕方に学んだ加工方法です。

マンゴーカットは、キッチンのシンクなど、平らで広い面の掃除に適したカットの仕方。掃除する場所に押しつけると、房がブワッと開き、汚れている面に密着して、高い研磨作用を得られます。

メラミンスポンジには刃が軽くス～と入るので、切り過ぎに注意。バラバラになりにくいように、筋を入れるのは、厚みの半分程度にしましょう。

斜めカット

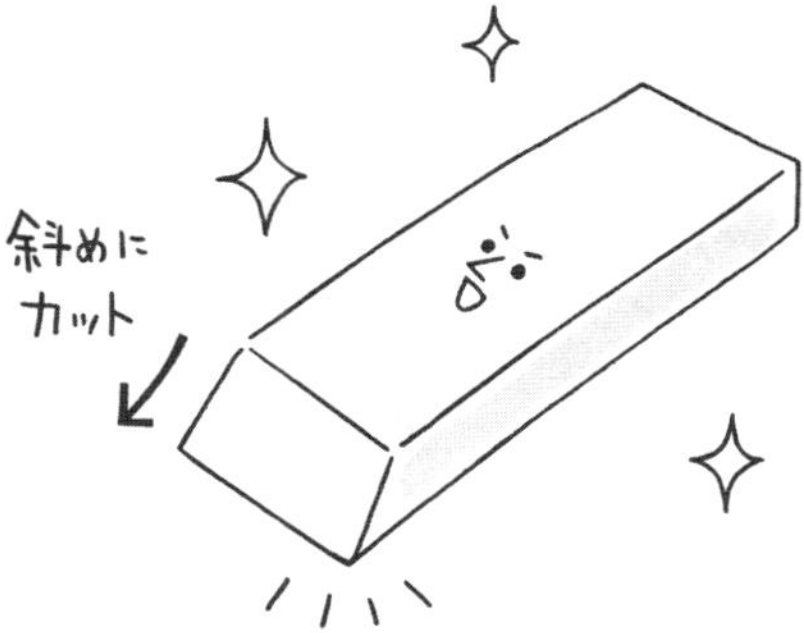

斜めの面を溝に押し当て、たまったほこりを取り除く

使う場所に合わせて、自由な形や大きさにカットできるのがメラミンスポンジの長所。パソコンのキーボードのすき間など、狭い溝のような特殊な場所の汚れを落としたい場合も、掃除しやすい形にカットして使いましょう。

まず、溝に入る程度の薄さでカットし、それから斜めにカット。その斜めの部分をキーボードのすき間に入れて動かすと、たまっていたほこりをかき出すことができます。パソコンは水に弱いので、この汚れ落としでは、絶対に水を含ませないようにしましょう。メラミンスポンジの加工しやすさを利用し、乾いたままで使う特殊な方法です。

三角カット

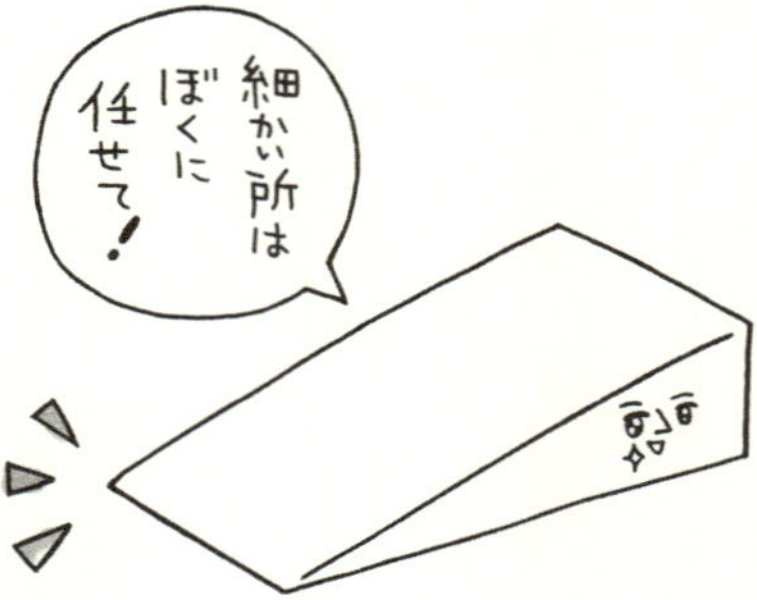

薄くて細長い三角形にカットし、小さな穴などの汚れ落とし

急須やヤカンの注ぎ口のような狭い穴。こうした掃除するのがかなり難しい部分の汚れも、穴の大きさに合わせてカットしたメラミンスポンジによって、十分落とすことができます。

まず、カッターナイフを使って、大きめのメラミンスポンジを薄切りにします。これを細長い三角形の形にカットすると、急須やヤカンを掃除できる「三角カット」のできあがりです。

この「三角カット」の最も尖った角の部分なら、狭い穴にも楽に入り込めるはず。差し込んだら、穴の内側に密着させて軽くこすり、こびりついている汚れを落としましょう。

筋切りカット

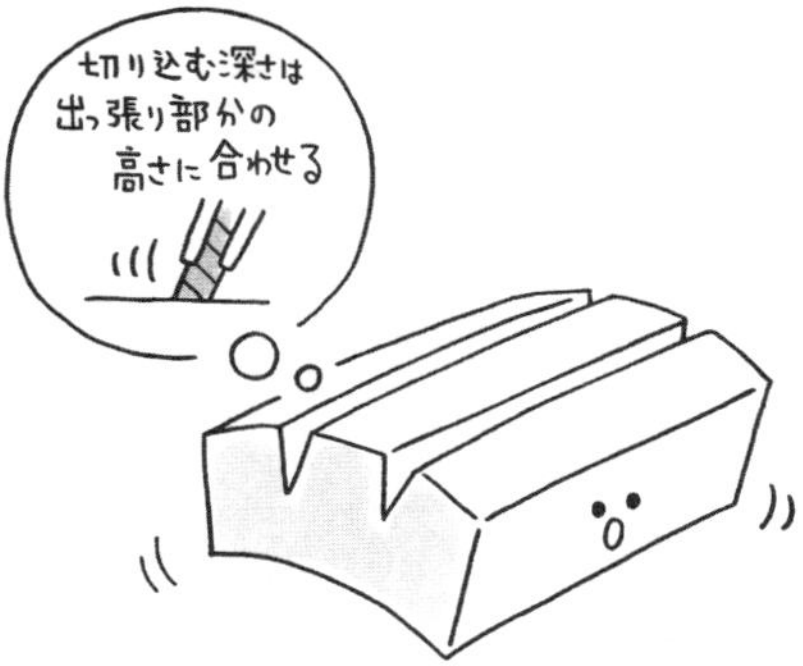

レールの高さに合わせて、カッターで直線の筋を引く

サッシや引き戸の下に伸びている、細くて長いレール。こうした出っ張りが続く部分も、なかなか掃除がしづらいところです。

こうした汚れを効率的に落とすには、メラミンスポンジの「筋切りカット」がいちばん。カッターナイフをメラミンスポンジに押し当て、直線の筋を引くやり方です。切り込む深さは、出っ張り部分の高さに合わせましょう。反対側に届くまで深く切り過ぎると、完全に切り分けることになってしまいます。

使い方は、筋切りした部分に出っ張り部分を入り込ませて、前後にゆっくり動かすだけ。これで簡単に、汚れを取り除くことができます。

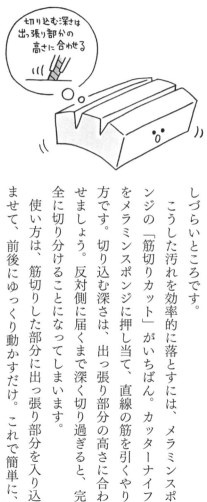

メラミンクロス

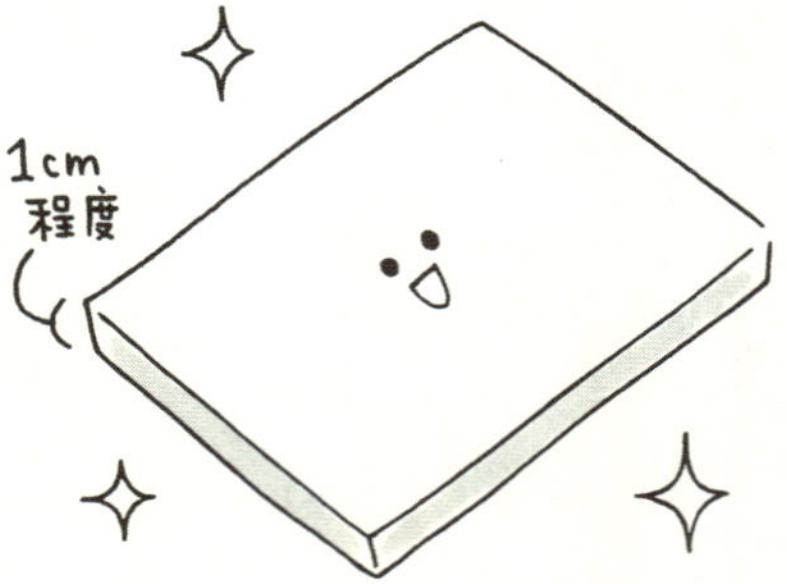

布のように薄くカットし、汚れたものを包み込む

メラミンスポンジの応用編のなかでも、いろいろな場所に使い勝手がいいのが「メラミンクロス」。厚さ1㎝程度にごく薄く切り、まるで布（クロス）のような状態にしたものです。

使用方法は、布やタオルによる手入れの仕方と同じ。ものを包み込んで拭くことによって、こびりついた汚れを取り除きます。ドアノブや調味料のフタ、家電製品の複雑な突起部分など、掃除しにくい場所の手入れが可能です。薄くカットしやすいのは、プロ仕様の高いメラミンスポンジではなく、100円ショップで買える軟らかい商品。大きめのものを購入し、薄切りにして使いましょう。

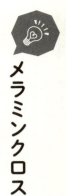

挟み込みメラミンクロス

薄いものをメラミンクロスで挟み、表と裏を同時に掃除する

複雑な形状のインテリアなどを掃除しやすく、汚れを効率良く落とせる「メラミンクロス」。その使い方の応用編として、掃除の対象物を両側から挟み込んでこする方法を紹介しましょう。

例えば、部屋を彩るフェイクの観葉植物の葉をキレイにする場合などに力を発揮。ごく薄くカットしたメラミンクロスを折り曲げ、表面と裏面を一緒に包み込んでこすります。

こうすると、両面の汚れを同時に落とせるので、効率はぐっとアップし、掃除の時短にもつながります。適度な研磨作用がある一方で、柔軟性も十分あるメラミンスポンジならではの使い方です。

割りばしメラミン

手が届かないところの汚れ落としに大きなパワーを発揮！

コップの底にこびりついた茶渋といった、手の届きにくい部分の汚れ落としには、プロの〝裏ワザ〟である「割りばしメラミン」が便利です。では、作り方を紹介しましょう。

①掃除するものの大きさに合わせて、メラミンスポンジをカット。②割りばしは割らないで先を広げて、メラミンスポンジを挟み込みます。③割りばしの根元に近い部分に、輪ゴムを5～6重程度、巻きつけます。④巻きつけた輪ゴムを先端に向けてスライドさせ、メラミンスポンジを固定します。いきなり、メラミンスポンジの近くで輪ゴムを巻くこともできますが、ここで紹介する方法のほうが簡単です。

爪楊枝メラミン

細かい部分をキレイにしたい場合、このかわいい掃除アイテムで

ゴムパッキンの側面にこびりついた黒ずみ部分など、細かい場所を掃除する場合、カットしたメラミンスポンジを指でつまんでこすっても、なかなかうまく汚れを落とせないものです。そうしたときは、この「爪楊枝メラミン」の出番。細かい作業をするのに、とても適したお掃除アイテムです。

作り方はすごく簡単で、メラミンスポンジをごく小さくカットして、爪楊枝に突き刺すだけ。わざわざ爪楊枝を買ってくる必要はなく、コンビニなどの弁当についてくる割りばしのおまけの爪楊枝を取っておき、ある程度たまったら、まとめて作るようにするのがいいでしょう。

竹串メラミン

2本の竹串で刺して、安定させるのがポイント

「割りばしメラミン」でも届きにくい場所の汚れ落としには、もうメラミンスポンジではお手上げ……ということはありません。割りばしよりも長さのある「竹串メラミン」で試してみましょう。

ただし、メラミンスポンジを挟み込んで固定する割りばしとは違って、竹串はただ刺すだけなので、グラグラしやすいという欠点があります。しっかり固定させるコツは、2本の竹串で刺すこと。こうすると、1本の竹串の先につけた場合よりもずっと安定し、力を入れて作業しやすくなります。

排水口のぬめりなど、手で触りたくない部分の汚れ落としに使うのもおすすめです。

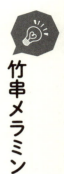

みかんネットメラミン

固いネットとメラミンの相乗効果で汚れ落とし効果がアップ！

秋から冬のシーズン、スーパーの食品売場でよく見かける、ネットに入っているみかん。このネットをメラミンスポンジと一緒に使うと、研磨作用が一層アップします。

メラミンスポンジを適当な大きさにカットし、みかんネットのなかに入れて、茶渋などの汚れ落としに利用。まずみかんネットが汚れを引っかけ、それをメラミンスポンジがこそぎ落とすことによって、汚れ落ちが良くなります。

意外なところで活用できるみかんネット。みかんを食べたあと、ネットは捨てないで取っておくようにしましょう。

ハンドパッド
メラミン

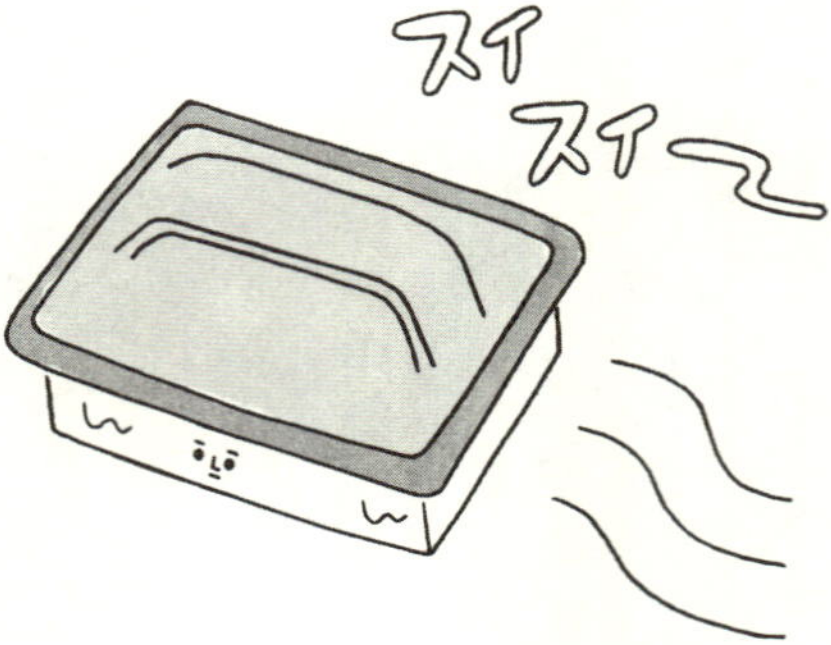

メラミンスポンジの上にのせると、均一に力が入って床掃除が楽々！

水をしっかり含ませたメラミンスポンジは、普通の食器洗い用スポンジのよう。とても軟らかくて、にぎった指に少し力を入れると、すぐにグニャッと変形します。この性質から、複雑な構造のものや、でこぼこした部分の汚れ落としには効果が大。その一方で、床のような広い面については、やや均一に磨きにくいという弱点があります。

そこで提案したいのが、お掃除アイテムのハンドパッドを併用することです。ハンドパッドは持ち手のついたパッドで、メラミンスポンジのうえにのせると、双方の繊維が絡まってしっかり密着。均一に力が入って、スルスル動かすことができます。

フローリングワイパーメラミン

シートの先に固定し、手が届かない場所の掃除に

床掃除をする場合、昔は雑巾がけをしていましたが、いまでは長い柄の先にお掃除シートのついたフローリングワイパーを使うのが主流。メラミンスポンジを使うときも、この便利なアイテムと併用すると、一層効率的に汚れを落とすことができます。

フローリングワイパーのシート部分の先にメラミンスポンジを当てて、太めの輪ゴムで両側を固定すると完成。このときに使うメラミンスポンジは、100円ショップなどで売っているカット自由な大きさなものがいいでしょう。

手が届かなくて掃除しにくい浴室の天井などの汚れ落としに最適です。

ドライシート メラミン

メラミンスポンジに巻きつけて使うと、驚くほどワックスがけが均一に！

メラミンスポンジは汚れ落としだけではなく、汚れ予防にも大きな力を発揮します。ここで紹介したいのは、掃除のプロしか知らないテクニック。リビングの床などのワックスがけをする際に行う方法です。

メラミンスポンジと一緒に使うのは、フローリングワイパーに装着するドライシート。細かい繊維でできている不織布に、オイルを染み込ませたものです。メラミンスポンジにこのドライシートを巻きつけ、ワックスを染み込ませて使ってみてください。ドライシートだけでは均一に塗りにくいのですが、メラミンスポンジと併用することにより、しっかり床に接着して、ムラのないキレイな仕上がりになります。

ホットメラミン

電子レンジで加熱して使うと、熱で汚れが溶けて落ちやすくなる！

メラミンスポンジは水で湿らせて使うお掃除アイテムですが、掃除のプロは冷たい水ではなく、温かいお湯を含ませて使うことがよくあります。

この「ホットメラミン」にするのは、多くの汚れは温めることによって落ちやすくなるからです。ゴシゴシこすらなくても取れるようになるので、素材を傷めにくいというメリットも生まれます。

ホットメラミンの作り方は、お湯で湿らせるよりも、電子レンジでチンするほうが簡単。水に濡らしてそのまま絞らず、600ワットで20秒間、ラップをかけずに加熱します。あまり熱し過ぎると、やけどしてしまうので、この程度でとどめるようにしましょう。

メラミン＋洗剤

油汚れはアルカリ性洗剤、黒ずみは中性洗剤を使って落とす

汚れがひどいときには、メラミンスポンジでこするだけではキレイになりにくいことも。こうした場合、洗剤を使うと汚れが落ちやすくなります。

スプレーなどであらかじめ塗布するか、メラミンスポンジ自体に洗剤を染み込ませるか、方法は2通り。塗布するやり方は、素材に洗剤が多めにつく恐れがあるので、心配な人はメラミンスポンジにつけてこするほうがいいかもしれません。

油汚れや体の垢といった汚れは酸性なので、風呂掃除用などのアルカリ性洗剤を使います。一方、壁の黒ずみなどのアルカリ性の汚れには、食器洗い用の中性洗剤や酸性洗剤を使うといいでしょう。

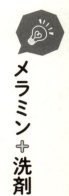

メラミン＋重曹水

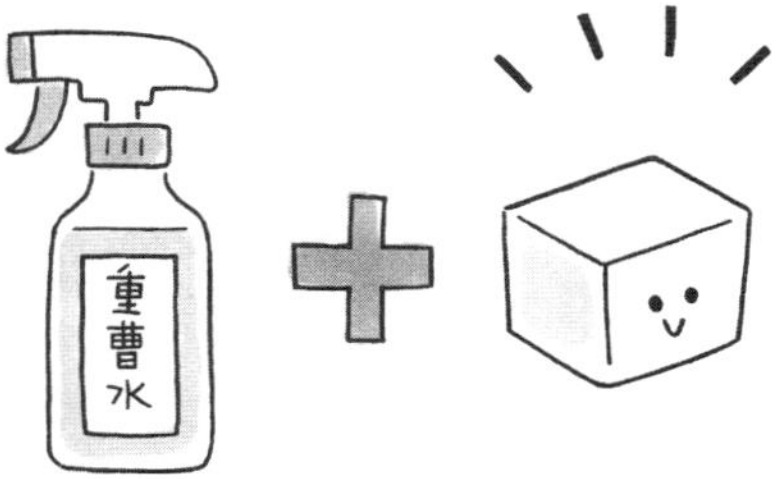

エコな弱アルカリ性だが、酸性の汚れによく効く

アルカリ性洗剤のなかでも、環境や肌に最も優しいのが重曹（炭酸水素ナトリウム）です。酸性のしつこい油汚れなどがある場合は、まずはこの重曹を使って落とすことを考えましょう。

　メラミンスポンジと併用する場合、重曹は粉のままふりかけるのではなく、水１００㎖に対して、重曹５ｇを溶かした重曹水にして使います。

　重曹はＰＨ８・５（中性はＰＨ＝７）の弱アルカリ性。お菓子やパン作りにも使われる素材なので、安全性は高く、手荒れもほとんど起こしません。ただ、肌の弱い人の場合、メラミンスポンジに含ませて長時間使うなら、手袋をしたほうがいいでしょう。

メラミン＋研磨剤

研磨作用がぐんとアップし、ステンレスや鉄がピカピカに

メラミンスポンジは研磨作用によって、汚れをはがし取ってキレイにします。ただし、その作用は適度なもので、それほど強力ではありません。このため、金属製の素材に付着したしつこい汚れを落とし、しっかり研磨したい場合には不向きです。

こうしたものを掃除し、しかも磨きたいのなら、クリーム状の金属用研磨剤をメラミンスポンジにつけて拭くようにしましょう。この相乗効果によって、磨いたものは輝きを取り戻し、ピカピカになるはずです。汚れがひどいステンレス製の道具やキッチンのシンク、錆びた包丁、輝きを失ったアクセサリーなどに使うといいでしょう。

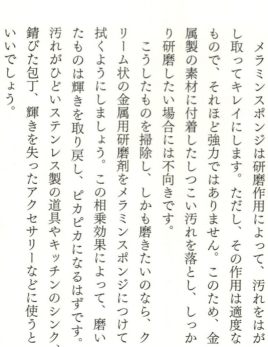

メラミン＋歯ブラシ

研磨作用を有効に働かせるため、ひどい汚れは歯ブラシで除去

数か月に1本は必ず出てくる、使えなくなった歯ブラシ。捨てずに取っておいて、しつこい汚れ落としに活用している人は多いのではないでしょうか。この古い歯ブラシ活用術は、メラミンスポンジを使った掃除でも、同じように利用することができます。

メラミンスポンジで汚れ落としをする場合、余分な汚れはあらかじめ取っておくのが正解。メラミンスポンジを使わなくても落とせる汚れは、なるべく少なくしておくほうが、研磨作用を存分に効かせることができるからです。特に、泥がこびりついたものを掃除するときなど、まずは歯ブラシである程度、汚れを落とすようにしましょう。

使い終わったら、すぐにきちんと手入れする

メラミンスポンジは値段の安いお掃除アイテムなので、あまりメンテナンスをしない人も少なくないようです。しかし、使い終わったあとにしっかり手入れをすることにより、寿命は大きく変わってきます。

まず、掃除が終わったら、すぐに流水で洗って、表面についている汚れを落とすようにしましょう。油汚れなどが付着しているときは、重曹などのアルカリ性の洗剤をつけて洗うようにします。

しっかり洗ってキレイにしたら、水分を絞ってから乾燥させます。軽く絞るだけではNG。なかに水分が残っていると、保管しているうちにカビが生えてしまいます。そんな汚いメラミンスポンジを次に使用すると、キレイにしたいものを逆に汚してしまうことになりかねません。ギューと強く絞り、水分をすべて乾かしてから、保管するようにしましょう。

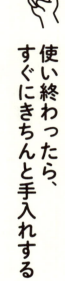

どういう状態になったときが、使い終わりの合図？

十分なメンテナンスを心がけると、メラミンスポンジはかなり長持ちします。しかし、自らを消しゴムのように使って、汚れを削り落とすというものなので、使うたびにダメージが重なっていくのは仕方ありません。

そろそろ使い終わりかな……ということがわかる合図はいくつかあります。①使ううちにだんだん小さくなってきて、最初の大きさの4分の1程度になったとき。②使うとすぐにカスがボロボロッと出るようになったとき。③以前と比べて、汚れの落ち方が目に見えて悪くなってきたとき。こういった場合は買い替えるか、新たにカットして使うようにしましょう。

また、排水口など、とても汚れていて清潔でないところを掃除したときは、使うのは1回だけにしたほうがいいでしょう。メラミンスポンジは安価なものなので、それほど惜しいと思わずに捨てることができそうです。

column

メラミン
スポンジで
遊ぼう！

ネイルや家具に グラデーションの彩色を

メラミンスポンジを水で濡らして、ギュッと強く絞ると、想像以上に大量の水が滴《したた》り落ちます。この強い吸水力を利用して、メラミンスポンジでマニキュアを塗っている女性が少なくありません。

メラミンスポンジを指で持てる程度に小さくカットし、マニキュアを多めに含ませます。そして、爪の上で、ポン、ポン……と軽く叩くと、絶妙なグラデーションの可愛いネイルが作れます。2～3色のマニキュアを含ませて、順番に塗っていくと、まるでプロに仕上げてもらったかのようなできばえに。

このグラデーションの色つけは、ネイル以外にもいろいろ使えます、例えば、家具の彩色に利用すれば、カラースプレーを使うよりもずっと簡単に、美しい色つけができます。子どものお絵描きなどにも使えるので、親子で楽しむのもいいですね。

キッチンをピカピカにする便利ワザ

油が散ってギトギトになり、
ひどく汚れやすいのがキッチン。
メラミンスポンジがあれば、
ガスレンジやシンク、換気扇など、
どこもすっきりキレイになります！

ガスレンジの五徳

固く絞って、強めにこする

水をきつめに絞って、高い研磨作用を効かせる

ガスレンジの掃除を怠っていると、五徳に真っ黒い油汚れがこびりついてしまいます。こうした固い汚れを落とすには、普通のスポンジでは到底無理。研磨作用のあるメラミンスポンジを使わなくてはいけません。

かなり頑固な汚れなので、濡らしたらギュッと絞って、研磨作用を高めた状態でこすりましょう。傷がつきにくいところなので、力を入れてこすっても大丈夫。鍋などを支える垂直の部分は、薄く切った「メラミンクロス」で挟み込んでこすると、効率的に落とせます。汚れがひど過ぎて、なかなかキレイにならない場合は、熱で汚れを緩める「ホットメラミン」か、アルカリ性洗剤との併用がいいでしょう。

ガスレンジのバーナーリング

細かい凹凸をなぞってキレイに

カスには火がつくので、掃除後、流水で洗い流す

ガスレンジのなかには、円筒形のセンサーであるバーナーリングが中央についているものがあります。ここは非常に汚れやすく、油などのカスがいっぱいたまったり、固まってこびりついたりしてしまいがち。固定されていないタイプの場合、ときどき取り外して、メラミンスポンジでしっかり洗ってあげましょう。

バーナーリングは凹凸が多い部品なので、細かい部分の掃除に適した「爪楊枝メラミン」が適しています。汚れを落としたら、しっかり水で洗うようにしましょう。メラミンスポンジは可燃性なので、カスが残っていた場合、次に火をつけたときに燃える恐れがあります。これは五徳を掃除した場合も同じです。

魚焼きグリル

奥まで差し込んで、しっかりこする

割りばしメラミン

汚れを放置しがちな内部をときどき、しっかり清掃

魚焼きグリルについては、焼き網や敷き皿は日ごろ気をつけて洗っていても、グリルの内部自体はほとんどメンテナンスしない、という人が少なくないでしょう。そういったグリルのなかは、飛び散った魚の油が重なってこびつりつき、ひどく汚れた状態になっているはずです。

しかし、メラミンスポンジを指で持って差し込んでも、入り口近くの汚れを拭い取ることしかできません。そこで、奥まで届く「割りばしメラミン」の出番です。上下、左右をこすってキレイにしたら、はがれたカスは燃える恐れがあるので、必ず外に掻き出すようにしましょう。

シンク

特に四隅を
重点的にこする

ひどい汚れは研磨剤の併用も
ときどきメラミンで清掃。

皿に残っているソースや汁、三角コーナーに発生するぬめり……。キッチンのシンクは日ごろから掃除を心がけていても、かなり汚れやすいところです。普段は食器洗い用スポンジでよく洗い、ときにはメラミンスポンジを使ってピカピカにしましょう。

シンクのしつこい汚れを落とすには、「マンゴーカット」で行うのがベスト。特に汚れが残りやすい四隅のカーブを重点的にキレイにしましょう。カーブに合わせて、開いた房を密着させ、軽く動かして汚れをこすり落とします。

汚れがひどい場合は、研磨剤をメラミンスポンジにつけて掃除しましょう。

換気扇

メラミン＋アルカリ性洗剤

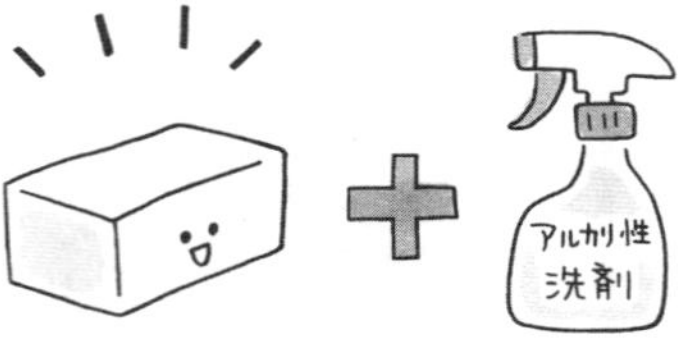

しつこい油汚れは2ステップで

酸性の油汚れなので、アルカリ性洗剤を併用

キッチンのなかでも、特に換気扇はひどく汚れやすいところ。手間を考えると、毎日、掃除をするわけにもいかないので、料理を作って換気するたびに、汚れが少しずつ付着していきます。

しかも、揚げ物や炒め物をする際に舞い上がった油の滴がつき、積み重なった油汚れになっているのが特徴。こうした厄介な汚れにこそ、威力を発揮するのがメラミンスポンジです。

しつこい油汚れを落とすには、水を含ませるだけでは力不足。油汚れは酸性なので、弱アルカリ性の重曹水やアルカリ性の洗剤を換気扇に塗布するか、水に溶かして濡らして使うようにします。

ステップ1

最初はメラミンスポンジを固く絞って、固まっている油汚れをこする。

↓

ステップ2

表面の固い汚れが落ちたら、緩めに絞ったメラミンスポンジで仕上げる。

油汚れが積み重なってこびりついている場合、メラミンスポンジを2段階で使うのが、しっかり取り除くためのポイント。まず、固くなっている汚れを落とすため、濡らして固く絞ったメラミンスポンジでこすります。こうして水の量を少なくすると、研磨作用がアップ。固い汚れが落としやすくなります。

こびりついた汚れを取り除くことができたら、次は濡らしたメラミンスポンジを軽く絞り、水を多めに含ませた状態でこすりましょう。こうすると研磨作用が控えめになるので、素材を傷つけることなく、キレイにすることができます。

換気扇がまだギトギトになっていない場合は、最初から水を多めに含ませたメラミンスポンジでこすり、素材を傷つけないようにしましょう。

冷蔵庫

棚とパッキンは違う方法で

しつこい汚れの少ない棚は、水をたっぷり含ませて軽く拭く

食品を出し入れする冷蔵庫は、料理の汁や調味料の粉などがこぼれやすいものです。こうしたものが積み重なると、汚れが棚などにこびりついてしまうので、メラミンスポンジを使って取り除くようにしましょう。

ガラス製の棚といった面積の広い部分は、大きめにカットしたメラミンスポンジを使って、手早くキレイにします。しつこい頑固な汚れは少ないので、基本的には水を多く含ませ、軽めになでるようにして掃除するのがいいでしょう。一方、こびりついた油汚れがあった場合は、なかなか取れないかもしれません。こうした汚れは、電子レンジで温める「ホットメラミン」を使い、こびりついた油を熱で軟らかくして取り去り

ゴムパッキンの黄ばんでいる部分は、「爪楊枝メラミン」で削り取る

ます。

冷蔵庫はゴムパッキンもけっこう汚れているものです。ゴムはメラミンスポンジの得意とする素材のひとつ。細かい部分の掃除に向いている「爪楊枝メラミン」を使って、ゴムのすき間にこびりついている汚れを落としましょう。ただし、すでにゴムが相当劣化している場合、メラミンスポンジでこするとボロボロはがれる恐れがあるので、やめておいたほうが賢明です。

冷蔵庫のトビラ部分については、最近はピカピカに見える鏡面加工の製品が多いものです。こういった加工のものをメラミンスポンジでこすると、簡単に傷がついてしまいます。鏡面加工でないかどうか、事前に確かめて、そうでない場合にのみメラミンスポンジを使うようにしましょう。

キッチンカウンター

油が原因の黄ばみはまず温めて

しつこい汚れの場合のみ、メラミンスポンジを使用

日々の調理で油汚れなどが飛び散って、黄ばみ汚れが積み重なりやすいキッチンカウンター。素材としてよく使われているステンレスと人工大理石は、どちらもメラミンスポンジで掃除することができます。

黄ばみ汚れは油が固まったものなので、電子レンジでチンする「ホットメラミン」で拭くのがコツ。油が温まって緩むので、冷たい水を含ませて拭く方法よりも、汚れがずっと落ちやすくなります。

ただし、それほど汚れていない場合、メラミンスポンジでこすると傷つく恐れがあるので要注意。また、表面がコーティング加工されていると、はがれてしまうので、こする前に必ず確認しましょう。

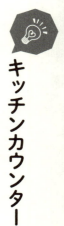

電気コード

挟み込みメラミンクロス

コードを挟んで軽く動かす

リビングなどのコードと違って、イヤな油汚れが多い

冷蔵庫や電子レンジ、炊飯器など、たくさんの電化製品が置かれているキッチン。電気を供給するコードが壁際などに何本も伸びていることでしょう。

リビングにある電気コードの汚れは、ほとんどがほこり。雑巾で拭けば簡単に取り除くことができますが、キッチンではそうはいきません。ねっとりした油汚れが積み重なりやすいので、メラミンスポンジを使って落としてあげましょう。

掃除に使うのは、薄くカットした「メラミンクロス」。コードを挟み込み、軽くス〜と拭くだけで、汚れを簡単に落とすことができます。

ゴミ箱

香りの力を借りて虫よけ

メラミン＋アロマ

虫の嫌いなアロマを染み込ませ、虫よけに置いておく

キッチンの三角コーナーや生ゴミ入れは、季節によってはイヤな臭いが発生し、コバエなどの虫が寄ってくることも……。こうした状況を招かないために、メラミンスポンジを活用することができます。

メラミンスポンジを虫よけで使うには、ペパーミントやティートリー、ハッカ油など、虫の嫌いなアロマの力を借ります。これらのアロマをメラミンスポンジに染み込ませて、適当な大きさにカット。お茶パックなどに入れて、ゴミ箱のなかやフタ、三角コーナーに置いておけば、虫が嫌がって近寄って来にくくなります。あらかじめカットされている、市販のメラミンキューブを利用するのもいいでしょう。

キッチングッズの清潔さを保つ秘訣

キッチンに保管している
食器や調理道具を清潔にするには、
メラミンスポンジを使うのがいちばん！
温めたり、洗剤や研磨剤を
併用したりと、
ひと工夫すればさらにピカピカに！

湯呑み

ホットメラミン

しつこい茶渋は温めて除去

汚れが積み重なっていないと、素材の表面を傷つけるので注意！

メラミンスポンジを使うことにより、驚くほど簡単に落とせる汚れが、湯呑みやコーヒーカップについている茶渋。水をたっぷりめに含ませて、力をあまり入れずにほんの軽く拭くだけで、目を疑うほどキレイになることが多いものです。

ただし、こびりついたしつこい茶渋の場合、やや落ちづらいこともあります。こうした場合、漂白剤を使いたくなりますが、その必要はありません。少々しつこい汚れでも、茶渋程度なら、メラミンスポンジだけで落とすことができます。

しつこい茶渋を取り除くのに使うのは、メラミンスポンジを温めた「ホットメラミン」。汚れが温まるこ

落ちやすい茶渋
➡ 水を含ませて拭く

落ちにくい茶渋
➡ 温めたホットメラミンで拭く

それほど汚れていない場合
➡ メラミンスポンジは使わない

とによって緩むので、冷たい水を含ませるよりも、ずっとはがしやすくなります。湯呑みやコーヒーカップに湯を入れて温めるという方法もありますが、ちょっと面倒。メラミンスポンジに水を含ませて、電子レンジでチンするほうが手軽です。

注意したいのは、使ったあとに毎回、メラミンスポンジで拭かないこと。キレイにする効果が高いので、洗うたびにしっかり磨いてみたくなるかもしれませんが、これは逆効果。まだ汚れがこびりついていない場合、表面の素材を傷つける恐れがあるからです。

傷がつけば、そこに汚れが入り込み、積み重なることによって取り除きにくくなります。メラミンスポンジの出番は、しつこそうな茶渋がついているときだけにとどめましょう。

長いコップ

割りばしメラミン

残りやすい底の汚れを落とす

底までぐっと差し込んで、ぐるぐるかき回すだけ

高さのある長いコップの場合、キレイなままの状態を保つのは意外に難しいものです。毎回、丁寧に洗っているつもりでも、じつは底に汚れがこびりついていることがよくあります。

気づかないうちに、特に汚なくなってしまうのは、底の丸い部分。洗うときにスポンジが届きにくいので、水垢などが少しずつ積み重なって、頑固なしつこい汚れになるのです。こうした面倒な汚れには、漂白剤を使うのが一般的なやり方。しかし、手間がかかるだけでなく、環境に対する負荷もあることから、できれば避けたいと思う人もいるでしょう。

そこで、「割りばしメラミン」の出番。適当な大き

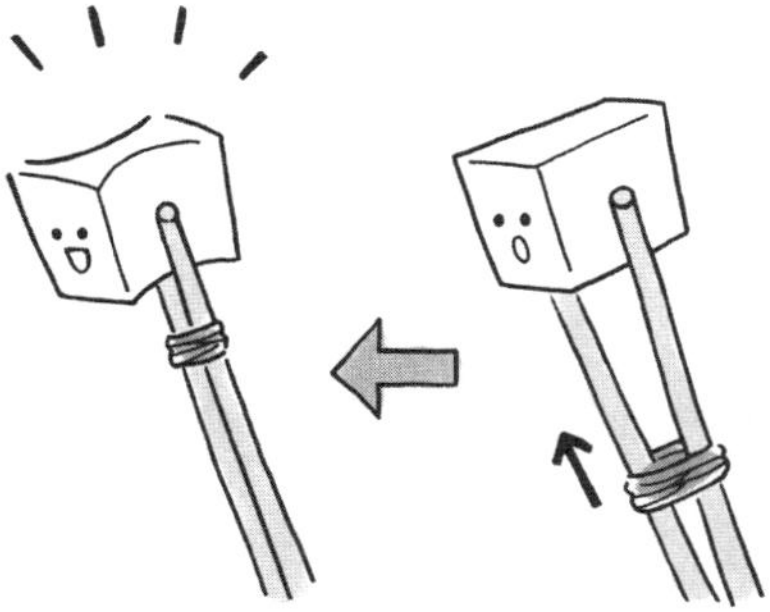

メラミンスポンジがはしの先端よりも飛び出るように、輪ゴムでしっかり固定する

さにカットしたメラミンスポンジを割りばしの先に挟み、輪ゴムでぐるぐる巻いて固定するアイデアアイテムです。これならコップの底まで届くので、ぐるぐる回すだけで、こびりついた汚れを難なく削り落とすことができます。

作る際の注意点はふたつ。ひとつめのポイントは、輪ゴムでしっかりとめて、グラグラしない状態にしておくことです。そうしないと力が先のほうまで伝わらないので、研磨作用が弱まってしまいます。もうひとつのポイントは、割りばしの先端よりもメラミンスポンジを前にはみ出させること。こうすると、コップの底に押しつけたときに、メラミンスポンジがふわっと広がり、縁の部分にも入り込んで、汚れを落としやすくなります。

包丁

メラミン＋研磨剤

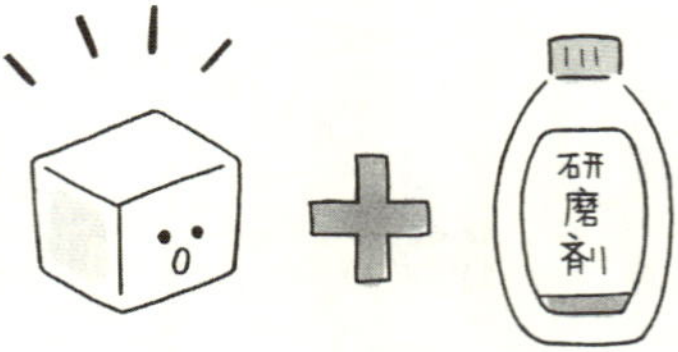

メラミンだけでは錆は落とせない

手入れしたあとは、カスをしっかり洗い流す

調理用具のなかでも、生鮮品に触れる包丁は、いつも清潔でピカピカな状態をキープしたいものです。しかし、特に鉄製の場合、ちょっと手入れを怠ると錆が浮き、切れ味が落ちてしまいます。こういった具合にひどく劣化した包丁は、ただメラミンスポンジを濡らしてこするだけでは不十分。メラミンスポンジの研磨作用だけでは、こびりついている固い錆を落とすことができないからです。

錆びた包丁の切れ味を取り戻すには、メラミンスポンジと金属磨き専用のクリーム状の研磨剤を併用するようにしましょう。水を含ませたメラミンスポンジに、研磨剤を染み込ませて拭くと、研磨作用がぐっとアッ

鉄・ステンレス製のフライパン
➡ メラミンスポンジと研磨剤で錆を落とす

フッ素加工のフライパン
➡ 食器洗い用スポンジで汚れを洗い流す

包丁の柄
➡ しつこい汚れはメラミンスポンジで落とす

プ。砥石や研ぎ器で磨いたときのように、錆びている部分が取り除かれ、切れ味鋭いときのピカピカな状態に戻すことができます。メラミンスポンジを使ったあとは、流水でしっかり洗い流すことが大切。人体用に開発された素材ではないので、カスを口に入れないように気をつけなければいけません。

鉄製だけでなく、ステンレス製のフライパンを同様に拭くのもOKです。ただし、フッ素加工がされたもので試すのは禁物。研磨剤を使わず、ただメラミンスポンジで拭いただけでも、表面に施したコーティングがはがれて、焦げつきやすくなってしまいます。

なお、包丁の柄も汚れがつきやすいところですが、この部分は、水で濡らしたメラミンスポンジだけで汚れを落とすことができます。

まな板

除菌と汚れ落としを効率良く行う

メラミン＋漂白剤

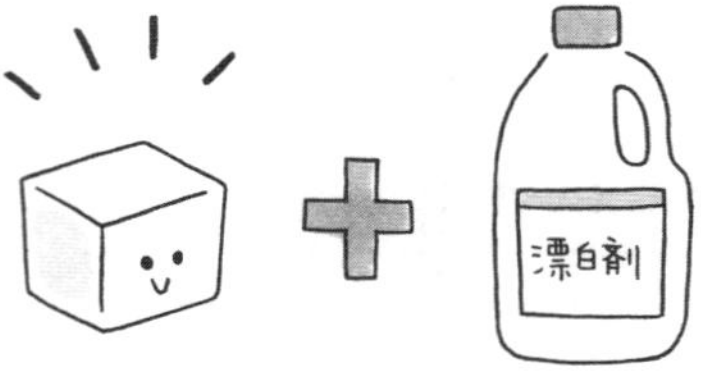

メラミンスポンジは毎回使わず、除菌のときだけに

メラミンスポンジはまな板の汚れも落とせますが、使ったあとの手入れにはNG。まな板の表面を毎回削ることになり、かえって良くありません。日ごろの手入れは、食器洗い用スポンジで十分。汚れが少し積もって、しっかり落としたくなったときが、メラミンスポンジの出番です。ただし、適しているのはプラスチック製やゴム製のまな板。木製のものは表面に傷が多く、メラミンスポンジのカスが入り込んで残りやすいので、使わないほうがいいでしょう。

メラミンスポンジでまな板を拭くときは、漂白剤を併用するのがおすすめです。念入りな汚れ落としに加えて除菌も行え、一石二鳥で効率的に手入れができま

まず、まな板に漂白剤を刷毛で塗り込む。

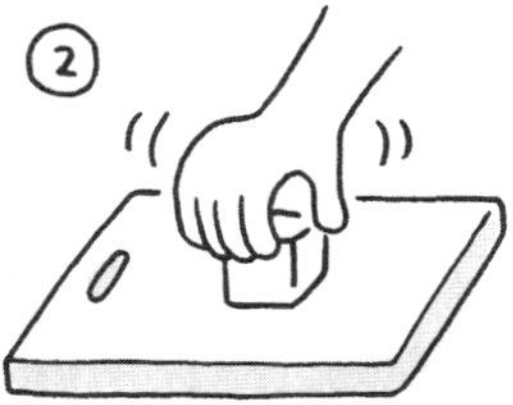

20分ほどおいて除菌してから、メラミンスポンジでこする。最後に十分な水洗いを。

す。漂白剤は使い方に注意。メラミンスポンジに含ませる研磨剤とは違って、漂白剤はまな板にしっかり塗り込み、除菌効果を強く働かせるようにします。塗って20分程度おいてから、水を含ませたメラミンスポンジでこすりましょう。漂白剤を使うだけでは取れない、へこんだ部分に入り込んだ細かい汚れを取り除くことができます。

　メラミンスポンジで拭いたあとは、流水を入念にかけて、しっかり洗い流すようにします。メラミンスポンジは人体に有害なので、食材に触れるまな板に残してはいけません。また、塩素系漂白剤に含まれている次亜塩素酸ナトリウムは手荒れを起こすので、メラミンスポンジでこするときは必ずゴム手袋をつけるようにしましょう。

急須の注ぎ口

三角カット

細長くカットして
差し込む

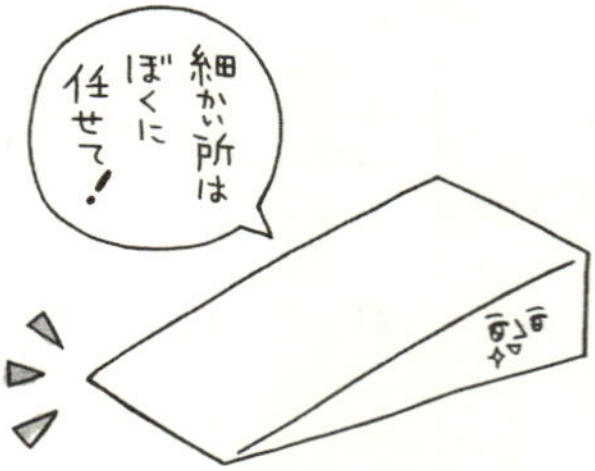

やりにくい場所の掃除は形に合わせてカットする

キッチンにある道具類のなかでも、特に掃除が厄介なもののひとつが急須。内部は食器洗い用のスポンジで簡単に洗えますが、注ぎ口は細いので入り込ませることができません。手入れを怠っているうちに、よく見たら、茶渋がこびりついてしまった……という苦い経験のある人は多いでしょう。

こうした部分にこそ、形を自由に変えやすいメラミンスポンジが力を発揮します。まずカッターナイフで薄く切り離し、それを細長い三角形にカットして使いましょう。茶渋はメラミンスポンジが得意とする汚れ。急須の注ぎ口に差し込んで、細かい動きで出し入れすることにより、簡単に取り除くことができます。

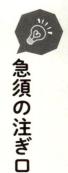

電子レンジ

油汚れを緩めてはがす

手入れが滞りがちな内部の天井を念入りに

弁当の温めや時短調理などで活躍する電子レンジ。キッチンに置かれていることから、上部には油を含んだほこりがたまりやすく、積み重なるとこびりついてしまいます。こうした汚れは、雑巾で拭くだけではキレイになりません。そこで、温めた「ホットメラミン」で拭いて、油汚れを緩ませて取り除きましょう。

電子レンジは内部も汚れているものです。特に天井部分は食品から出る蒸気が当たりやすいので、油汚れで黒ずんでいることもあります。こうした場合も、ホットメラミンで拭いて汚れを落としましょう。掃除のあとは、雑巾でキレイに拭いて、メラミンスポンジのカスを完全に拭い去ってください。

電気ポット

竹串メラミン＋クエン酸

固まったカルキを緩めて取り除く

長い「竹串メラミン」で、内側の壁も底もキレイに

電気ポットは水しか入れないものなので、たいした汚れはつかないと思ってはいませんか。しかし、手入れが足りない場合、内側は意外に汚れているものです。

電気ポットにつく汚れは、水道水に含まれているカルキ（次亜塩素酸カルシウム）が乾燥し、その成分が付着したもの。カルキはアルカリ性なので、まず酸性のクエン酸か酢を水で薄めたものを入れて、壁にこびりついた汚れを緩ませます。そのうえで、底まで届く「竹串メラミン」を差し込んで、汚れをかき落とすようにしましょう。

ただし、内側がフッ素コーティングされているものは、メラミンスポンジで拭くと傷つくのでNGです。

弁当箱

爪楊枝メラミン

狭い部分はメラミンで掃除

洗い残しそうな部分は、メラミンスポンジの出番

弁当箱はシンプルな形をしているので、キレイに洗うのはそう難しくないような気がするかもしれません。しかし、出っ張っているフタの止め具や、フタの縁近くに入っている溝、箱の周囲をめぐるゴムの部分など、意外に複雑な構造のところがあります。こうした部分は、よく洗ったつもりでも、汚れを取り切れていないことが少なくありません。

弁当箱で洗い残しになりがちなところには、小さくカットしたメラミンスポンジに爪楊枝を刺した「爪楊枝メラミン」を使いましょう。これなら、狭いすき間などにも簡単に入り込ませることができるので、隅から隅までキレイにすることができます。

鍋の外側

汚れに合わせて3ステップで

ホットメラミン

アルカリ性洗剤

最もしつこい汚れにはアルカリ性洗剤が効果的

鍋やヤカンを長い間使っていると、いつの間にか、外側に黒い汚れがこびりつくようになります。これは相当しつこい性質のもので、中性洗剤をつけて食器洗い用スポンジでこする程度では落ちません。こうした頑固な汚れにこそ、メラミンスポンジならではの研磨作用を働かせましょう。

まだしつこくない汚れの場合、メラミンスポンジに水を含ませて、軽く拭くだけで取り除けることが多いものです。しかし汚れの程度が進んで、よりこびりついているのなら、このやり方ではなかなか落とすことができません。

水では取れない汚れの場合、温かい「ホットメラミ

落ちやすい汚れ
➡ 水を含ませて拭く

落ちにくい汚れ
➡ 温めたホットメラミンで拭く

非常に落ちにくい汚れ
➡ アルカリ性洗剤で汚れを緩ませて、ホットメラミンで拭く

ン」でこすりましょう。含ませる湯はたっぷりめにして、研磨作用をあまり高めないようにするのがポイントです。その逆に少なめに含ませて、研磨作用をより効かせると、繰り返しこすっているうちに、鍋やヤカンの表面に傷がついてしまいます。

ホットメラミンでも汚れが取れなければ、洗剤を併用するようにしましょう。鍋やヤカンの外側にこびりついた汚れは、揚げ物や炒め物をする際、飛び散って付着した油汚れがメインで、それにほこりなどがくっついて固まったものです。

酸性の汚れなので、まず重曹水やアルカリ性洗剤などをキッチンペーパーに含ませて拭きます。そして、しばらく置いてから、ホットメラミンでこすると、さすがのしつこい汚れも取れてきます。

水筒

ネットとメラミンのダブル攻撃で

汚れが取れなかったら、メラミンを直接当てる

水筒はいつも清潔でありたいものですが、長く使っていると、茶渋や水垢などがこびりつくことがあります。食器洗い用のスポンジを使っても、底まではなかなか届きません。意外に厄介な汚れといっていいでしょう。

こうした取りにくい汚れには、メラミンスポンジのバリエーションのなかでもユニークな「みかんネットメラミン」で対応しましょう。

みかんネットメラミンは、みかんを入れて販売されているネットを利用したお掃除アイテムです。メラミンスポンジを2㎝角程度に小さくカット。これらに水を十分含ませて、みかんネットのなかに5～10個程度

落ちやすい汚れ
➡ みかんネットメラミンを水筒のなかに入れて、フタをしてよく振って汚れをはがす。

落ちにくい汚れ
➡ 底まで届く竹串メラミンでこすって落とす。

入れて使います。

このみかんネットメラミンを水筒のなかに入れ、フタを閉めて、カクテルを作るときのようにシェイク。こうすると、まず化学繊維のネットが汚れに引っかかり、さらにメラミンスポンジが強くこするという、ダブルの物理的作用によって、汚れをはぎ取ることができます。同じような理屈から、卵の殻を入れて振るという裏ワザもありますが、サルモネラ菌の心配もあって、最近は提案しにくくなってきました。

みかんネットメラミンで取れなかった場合、かなりしつこい汚れなので、「竹串メラミン」を使って直接こそぎ落とすようにします。いずれの場合も、掃除をしたあとはしっかり水洗いをして、カスを内部に残さないようにしましょう。

ジャムの瓶

適度な大きさにカット

ラベルはがしに
威力を発揮

水で濡らしたラベルを軽くこすると簡単にはがせる

ジャムなどの瓶がオシャレで気に入り、再利用したくなった。ラベルやシールが邪魔なので、はがそうとしたけど、なかなかキレイにはがれない……こんなイライラするような経験はありませんか？

メラミンスポンジはこうしたケースにも威力を発揮。残ったラベルがはがれやすいように濡らしたうえで、メラミンスポンジにもたっぷり水を含ませて、軽く拭いてみましょう。

頑固なラベルでも、しょせんは紙と接着剤。メラミンスポンジの持つ研磨作用によって、簡単にはがすことができます。次からイライラしないで、この方法を試してください。

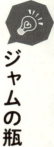

部屋がぐっと美しくなるスゴワザ

家族のくつろぎのスペースで、
部屋を彩るインテリアも多い
リビングや和室。
メラミンスポンジの活躍の場は、
いっぱいあります！

合皮の椅子

ホットメラミン

軽く拭いて手垢を落とす

本革や木製はNGだが、合皮ならメラミンスポンジで

背もたれや座るところが汚れやすい椅子。手入れをしてキレイにするには、雑巾で拭くしかないと思っていませんか？　椅子のなかでも、合成皮革のものなら、メラミンスポンジを使うと簡単に汚れを落とすことができます。

合皮の椅子を拭くときは、水で濡らして電子レンジで加熱する「ホットメラミン」を使いましょう。椅子につきやすい皮脂などの油汚れは、熱を加えることによって緩くなり、素材からはがれやすくなります。ただし、加熱し過ぎると、熱くて触れなくなるため、600ワットで20秒間程度のチンにとどめましょう。いったん温まれば、すぐには冷めないので、必要

片方の手でメラミンスポンジを持って汚れ落とし。もう片方の手で雑巾を持ち、メラミンスポンジの下側で待機して、落ちてくる水をキャッチする。

以上に熱くする必要はありません。

椅子の汚れは、それほど固くこびりついていないことが多いので、力を抜いて軽く拭くのがコツ。強く押さえつけてゴシゴシ拭くと、研磨作用によって、表面に傷がつく恐れがあります。汚れがひどくて、なかなか取れない場合は、弱アルカリ性の重曹水を少しだけスプレー。酸性の皮脂をはがれやすくしたうえで、やはり軽く拭くのがいいでしょう。

椅子の背もたれを拭くときは、もう片方の手で雑巾を持って、拭く場所のやや下側にキープするのがプロのやり方。この体勢で行うと、メラミンスポンジから水が滴り落ちてきたら、雑巾ですぐに拭くことができます。効率的に掃除を進めることができるので、ぜひマスターしてください。

合皮のソファ

座る場所を重点的に拭く

重曹水を使う場合は、あとで水拭きと乾拭きを

合成皮革のソファについた汚れも、椅子と同じように、温めたメラミンスポンジを使って、簡単にメンテナンスすることができます。ソファで特に汚れやすいのは、いつも座っているところ。ほかの場所と比べて、汚れがずっと積み重なっているので、重点的に拭くようにしましょう。

汚れが落ちにくい場合、弱アルカリ性の重曹水のスプレーで緩ませると、ぐっと取り除きやすくなります。ただ、こうすると、メラミンスポンジで拭いたあとで、雑巾による水拭きと乾拭きが必要。椅子の場合も同じですが、掃除の時短を考えると、できるだけ、温かい「ホットメラミン」のみで済ませるほうがいいでしょう。

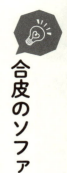

照明のスイッチ

ホットメラミン＋アルカリ性洗剤

アルカリ性洗剤を
染み込ませて

すき間に水が入り込むので危険！スプレーは使わないで

　部屋の隅にある照明のスイッチ。目立たないところなので、日ごろから掃除を心がけている人は少ないかもしれません。しかし、手入れが行き届いていない場合、だんだん汚れが積み重なって、雑巾で拭いた程度では取れなくなっているケースが多いものです。

　こうした照明のスイッチは、ほとんどの汚れが酸性の手垢。そこで、汚れが落ちやすいように弱アルカリ性の重曹水、またはアルカリ性洗剤を「ホットメラミン」に染み込ませて拭きましょう。ほかの場所の汚れ落としには、洗剤をスプレーで塗布してもかまいませんが、照明のスイッチには禁物。水が入り込むと、故障の原因となってしまう場合があります。

棚

挟み込みメラミンクロス

たまった汚れを
ひと拭きで

雑巾だけでは取れない汚れも、メラミンスポンジなら楽々

オシャレな置き物などを飾る収納棚は、掃除が意外に面倒。飾ってあるものをいったん、ほかの場所に移す必要があるので、手入れが滞ってほこりがたまりやすいものです。手垢や油、水分などが加わって、ベタベタした汚れになることもあります。

汚れがこうした段階まで進んだら、もう濡れ雑巾だけでキレイにすることはできません。そこでメラミンスポンジを使い、研磨作用によって、棚の表面からはがし取るようにしましょう。

効率良くメンテナンスできるのは、薄くカットした「挟み込みメラミンクロス」。棚の両サイドを挟んで拭くと、あっという間に汚れを落とすことができます。

造花

挟み込みメラミンクロス

葉を挟み込んで、裏表を

植物に使うと傷つくが、造花ならメラミンでOK

観葉植物の代わりに、部屋に造花を飾っている家は少なくないでしょう。最近のフェイクグリーンはよくできていて、部屋を美しく演出してくれます。しかし、世話する必要がないので、放置しているうちに汚れがこびりつくことも珍しくありません。

メラミンスポンジで植物を拭くと、葉の表面がはがれて傷だらけになってしまいますが、造花ならまったく問題なし。薄くカットした「挟み込みメラミンクロス」で葉の裏表を挟み、ゆっくり動かして汚れを取り除きましょう。水が垂れるので、もう片方の手で雑巾を持って滴を受けると、床を濡らさないで手入れすることができます。

照明器具のカサ

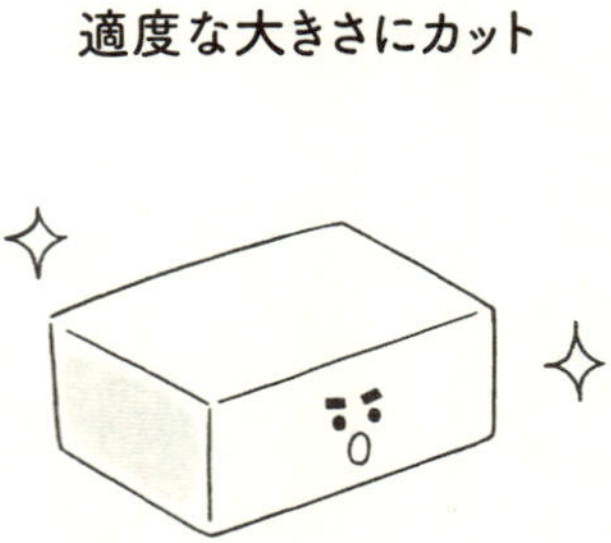

器具から外して
軽く拭く

しつこい汚れにならないように、ときどきメンテナンスを

目につきにくいけれど、じつは相当汚れているのが、天井から吊るしている照明器具のカサ。掃除をするには、いちいち器具から外さなくてはいけないので、手入れが滞りがちになり、気がつくと相当汚れていることがあります。

こうした照明器具のカサは、メラミンスポンジで手入れをしましょう。ほこりが固まった単純な汚れがメインなので、こするだけで取り除けることが多いはずです。

なお、照明器具にかぶせたままで拭くと、蛍光灯を割る恐れがあります。必ず器具から外して、濡れてもいい場所に移動させてから拭きましょう。

ドアの取っ手

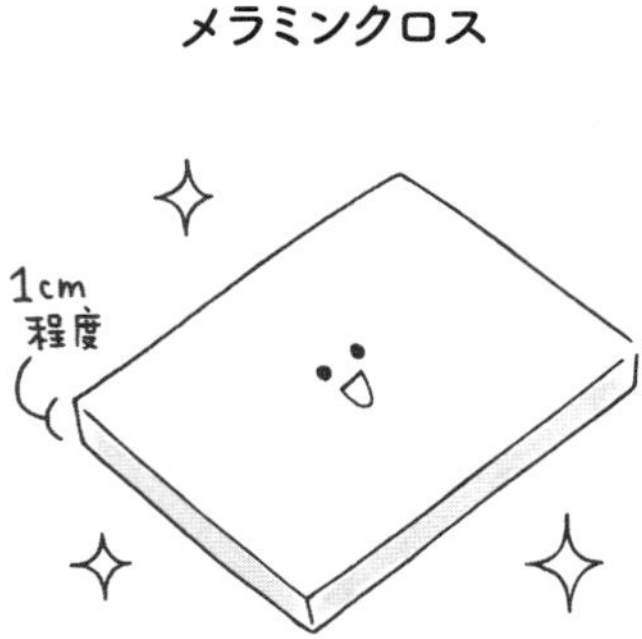

包み込んで拭くのがコツ

さほど汚れていないのに使うと、表面が変色する恐れが

ドアのノブやレバーハンドルなどの取っ手は、毎日必ず、手で直接触られるところ。当然、手垢がつきやすく、手入れを怠ると、ベタベタした汚れがついてしまいます。

ドアの取っ手部分は、表面がツルツルした固い素材でできているので、メラミンスポンジが得意とするところ。薄くカットした「メラミンクロス」を水で濡らし、包み込むようにして拭きましょう。

注意したいのは、メラミンスポンジを使うのは、ある程度汚れがひどくなってからにすること。普段の掃除で使っていると、汚れではなく表面が削れて、白く変色してしまうこともあります。

壁紙

メラミン＋重曹水

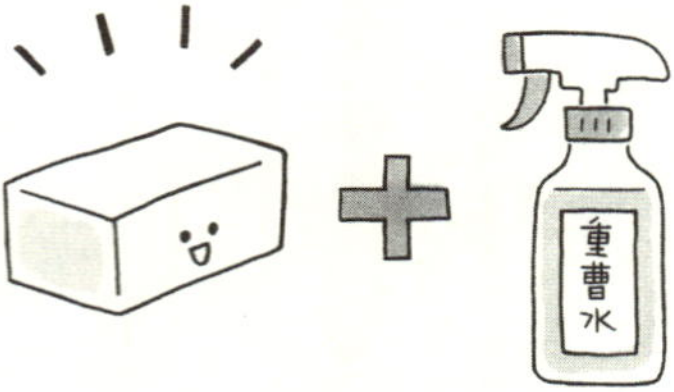

ヤニ汚れを緩ませてはがす

水拭きOKのクロスなら、この方法で新品のように！

最初のうちは発色が良く、ツヤがあってキレイだった壁のクロス。しかし、時間の経過とともに、ところどころでイヤな黄ばみが……。家族に喫煙者がいたらなおさらで、くすんだ茶色のヤニ汚れが目立つようになってきます。

部屋が何だか古く、安っぽく思えてくるクロスの汚れ。あなたの部屋のクロスが水拭きできるタイプなら、メラミンスポンジを使って、新品のような美しさに戻すことも可能です。ぜひ試してみましょう。

クロスのヤニ汚れなどをしっかり落とすには、アルカリ性の洗剤を温めて使います。１００㎖のお湯に、弱アルカリ性の重曹５ｇを溶かし、スプレーを使って

重曹を湯に溶かし、スプレーで壁に吹きつける。

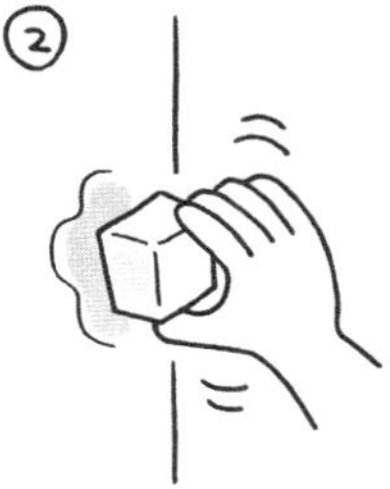

時間をおかず、すぐにメラミンスポンジで拭いて、緩んで浮いてきた汚れを取り除く。

壁にシュッ、シュッと塗布。こうすると、クロスの表面にこびりついている汚れが緩んで浮き上がり、ぐっと取り除きやすくなります。吹きつけたあとは徐々に冷めていくので、狭い範囲ごとに塗布し、短時間で作業を進めるのがコツです。

重曹水を吹きかけたら、時間をおかずに、すぐにメラミンスポンジで拭きましょう。時間がたつと、重曹水がクロスに染み込んで、黄ばみの元になってしまいます。メラミンスポンジを使うと、水が壁を伝わって落ちるので、もう片方の手で雑巾を持って、拭きながら作業するといいでしょう。

メラミンスポンジで拭いて汚れを落としたら、すぐに水拭き、それから乾拭きをして、重曹水をクロスのなかに残さないようにします。

エアコン

内部のカビを簡単に取り除く

竹串メラミン

手では拭けない場所でも竹串メラミンなら楽々

内部がけっこう汚れやすく、カビが生える心配もあるエアコン。皆さんはときどき、フィルターの掃除を心がけていることでしょう。しかし、それ以外の手入れをしていないのなら、エアコンから流れてくる心地良い風は、じつはクリーンではないのかもしれません。

空気が出入りするエアコンの内部は、想像以上に汚れやすいところ。特に、外からは見えないルーバー（吹き出し部分の板）の奥の部分には、カビが生えていることが多いものです。

ルーバーのすき間は狭いので、手を差し込んで拭くことができません。こんなときこそ、使う場所に合わせた大きさにカットでき、加工しやすいメラミンスポ

薄くカットしたメラミンスポンジに、竹串を2本差し込む。

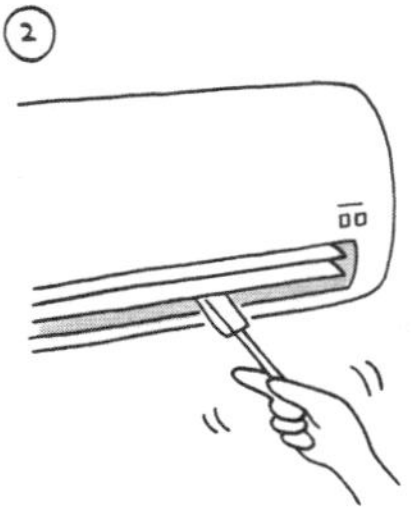

エアコンの吹き出し口のすき間に差し込み、ルーバーのカビを取り除く。

ンジの出番です。

まず、メラミンスポンジをすき間に入る大きさにカット。それを長めの竹串に刺して「竹串メラミン」を作ります。1本差しただけでは、先端のメラミンスポンジがグラグラするので、安定するように2本の竹串を差すのがコツ。エアコン内を掃除するとき、水がポタポタ落ちてこないように、ギュッと固く絞ってから拭くのもポイントのひとつです。

水を使う作業なので、掃除の際には必ず電源を切るのを忘れずに。そして、羽根の部分を手で開き、竹串メラミンを奥まで差し込んで、前後左右に少し動かして抜きます。こうしたメラミンスポンジの特性を活かした方法によって、外からは見えないエアコン内部のカビや汚れを簡単に取り除くことができます。

床のワックスがけ

ドライシートメラミン

ムラにならず、均一に仕上がる

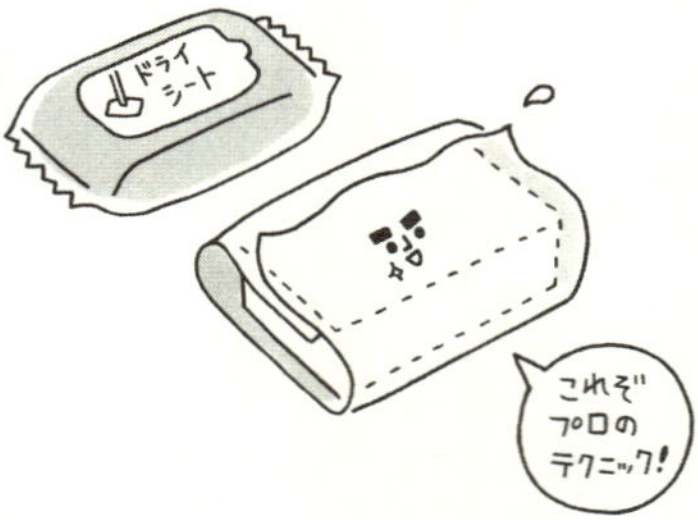

掃除のプロがやっているダブル使いの裏ワザ

リビングなどのフローリングには汚れや傷を予防し、光沢を保つために、定期的にワックスをかけたいものです。しかし、この作業はかなり面倒。しかも、ワックスを均一に塗るのはけっこう難しく、筋が入ったり、ムラになったりしがちです。また、踏む頻度の高いところは、他に比べてはがれやすかったりします。

一部補修の手間のかかる作業も、メラミンスポンジを使えば大丈夫。塗りが均一に仕上がり、美しいフローリングによみがえらせることができます。とはいえ、メラミンスポンジにそのままワックスを染み込ませて拭いてはいけません。適度な研磨作用によって、ワックスを塗るそばから、すぐにはがしてしまいます。

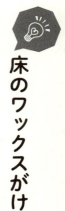

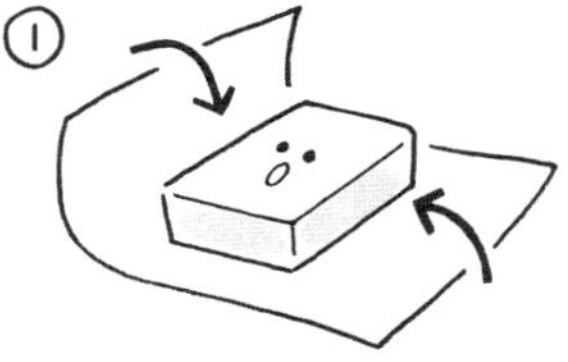

メラミンスポンジにドライシートを巻きつける。

ドライシートにもメラミンスポンジにもワックスを染み込ませてから作業する。

フローリングのワックスがけを上手にするには、メラミンスポンジだけではなく、ドライシートを併用するのがコツ。ドライシートとは、フローリングワイパーに装着する使い捨てシートのことで、ホームセンターや100円ショップなどで販売されています。

このドライシートをメラミンスポンジに巻きつけ、ワックスを十分染み込ませたら準備完了。メラミンスポンジに吸収されたワックスがドライシートに少しずつ染み込んでいくので、ムラのないワックスがけをすることができます。

これは多分、掃除のプロしか知らない裏ワザ。次にワックスをかけるとき、ぜひ試してください。簡単なのに仕上がりは抜群ですから、ビックリするのではないでしょうか。

机の落書き

油性の汚れもメラミンでOK

適度な大きさにカット

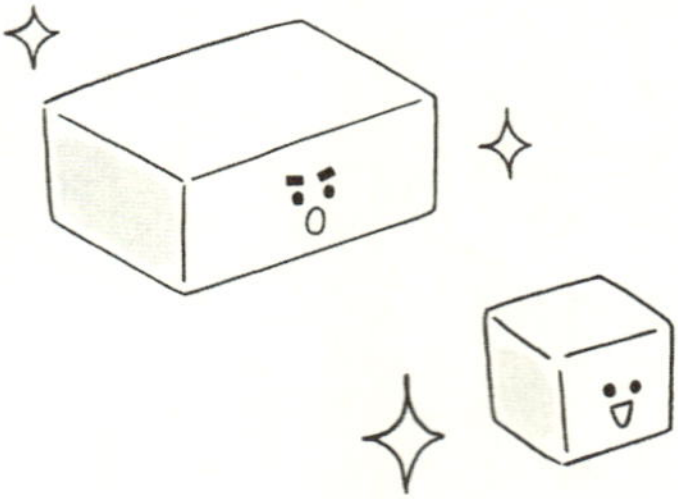

ツルツルした素材なら、こすって削り落としやすい

子どもがいると、家のなかのあちらこちらが散らかって、日々の掃除が大変。掃除機や雑巾がけ程度でキレイになればまだましで、ときには、どうすれば元の状態に戻せるのか……と、ため息をつきたくなるようなこともあるでしょう。

お絵描きなどで使われる折りたたみテーブルの落書きも、小さな子どものいる家庭でよくあるトラブルのひとつ。とはいえ、水性のマジックやボールペンなどで描かれたものなら、消すのは難しくありません。水拭きなどで対処するといいでしょう。

問題なのは、油性のマジックやクレヨンを使った落書きで、エタノールや除光液、クレンジングオイルな

油性のマジックを使った落書きは、メラミンスポンジでこすって削り落とす。

水性のマジックによる落書きは、雑巾による水拭きで消せる。

どを使わなければいけません。とはいえ、こうした作業はけっこう面倒です。

そこで、メラミンスポンジを使って、ずっと手軽に取り除くことをおすすめします。水をよく含ませたメラミンスポンジで、落書きのある部分を拭くという、基本的な使い方でOK。こうするだけで、油性マジックやクレヨンによる落書きを簡単に消し去ることができます。

学習机に描かれた落書きについても、塩化ビニル製などのツルツルした素材のものなら、メラミンスポンジを使えます。ただし、木製の机にはマジックが染み込みやすいので、表面を薄く削るだけでは落としにくいかもしれません。うまく取れない場合は、エタノールなどの併用も試してみましょう。

広い机の上

ハンドパッドメラミン

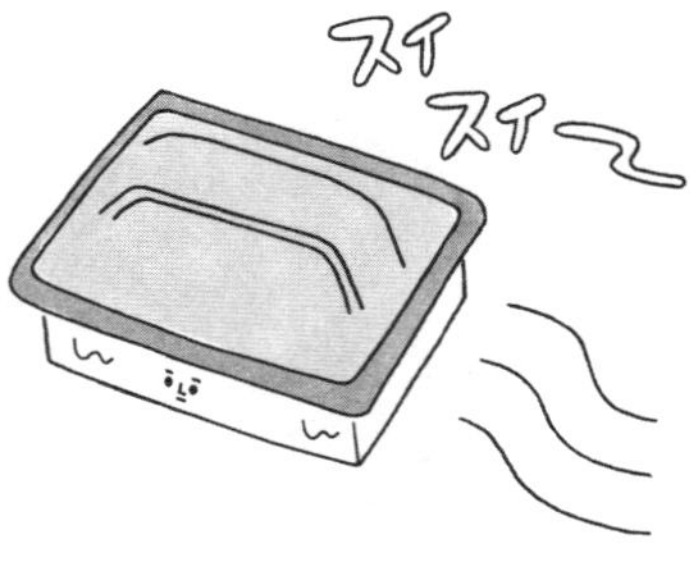

重ね使いで
スムーズに

均一に力が入るので、広い面の掃除にぴったり

床や大きな机の上などの汚れ落としをする場合、カットしたメラミンスポンジを指でつまんで拭くのは、時間がかかって効率的ではありません。

こういった広い面を掃除する場合、ぜひ併用してもらいたいのが、持ち手のついたハンドパッド。ホームセンターなどで手に入る、便利なお掃除アイテムです。

広い面と接触できるように、メラミンスポンジをそのまま使うか、あるいは大きめにカット。その上にハンドパッドをのせて、床や机の上などの全面を拭くようにします。メラミンスポンジとハンドパッドがずれないようにと、力を入れて押さえたくなるかもしれませんが、その必要はなし。軽く押さえただけで、ハン

①

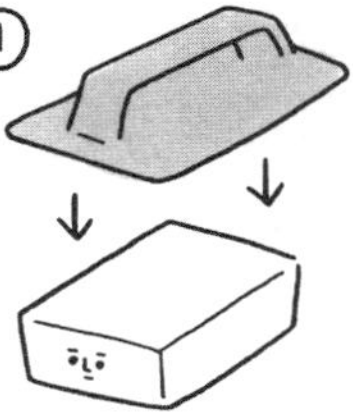

大きめのメラミンスポンジの上に、ハンドパッドを密着させる。

②

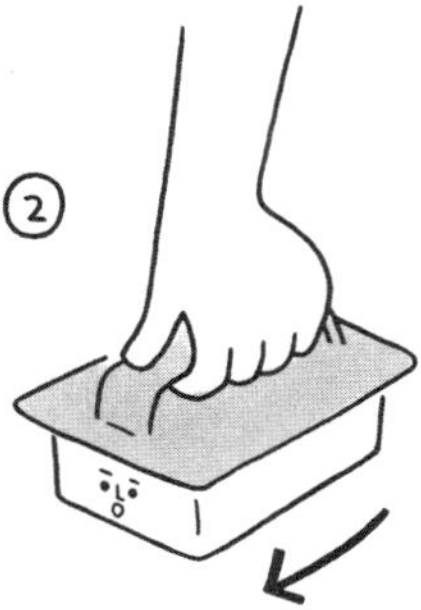

軽く押さえて、全面を均一に拭く。

ドパッドの繊維がメラミンスポンジに絡まり、両者はしっかり密着します。

メラミンスポンジを指でつかんで動かすよりも、ずっとスムーズにスルスル動かせるので、掃除の効率はぐっとアップ。広い面でも、より短時間でキレイにすることができます。

注意したいのは、全面を同じ力で均一に拭くようにすること。部分的に力を込めたり、何度も同じところをこすったりすると、そこだけがより削れて、ほかの部分と色が変わってしまいます。また、コーティング加工やワックスが施された床の場合、削れて傷ついてしまうので、メラミンスポンジは使わないようにしましょう。

シミ

メラミン＋アロマ

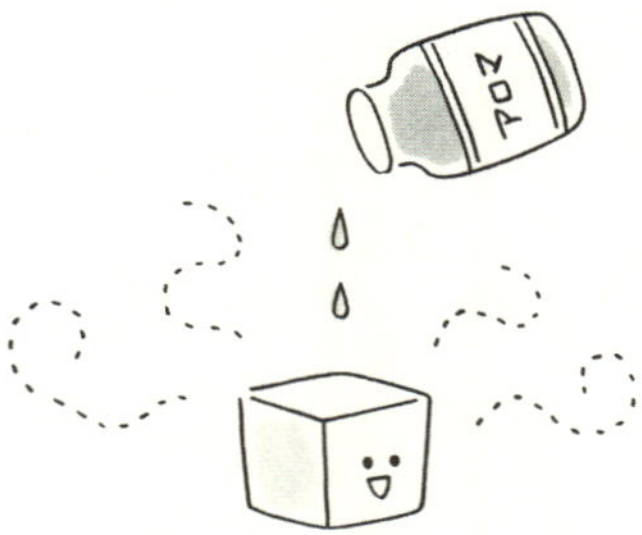

不気味な虫を香りで予防

シミが嫌う香りのラベンダーのアロマを利用

「シミ（紙魚）」という虫をご存知でしょうか。長さは１㎝程度。海辺によくいるフナムシをやや細長くしたような体つきで、長い触角はまるでゴキブリのそれ。体色は主に銀色で、魚のように体をくねらせて動くことから、英語では「シルバーフィッシュ」と名づけられています。

決して出合いたくない姿形をしている虫ですが、じつは家のなかがすみか……。ほこりや紙、本の装丁のノリなどをエサとして、７～８年も長生きをするといわれています。あなたも自宅で、いつ目にしてもおかしくないのです。

じつは、このシミの予防に効果をあげるのがメラミ

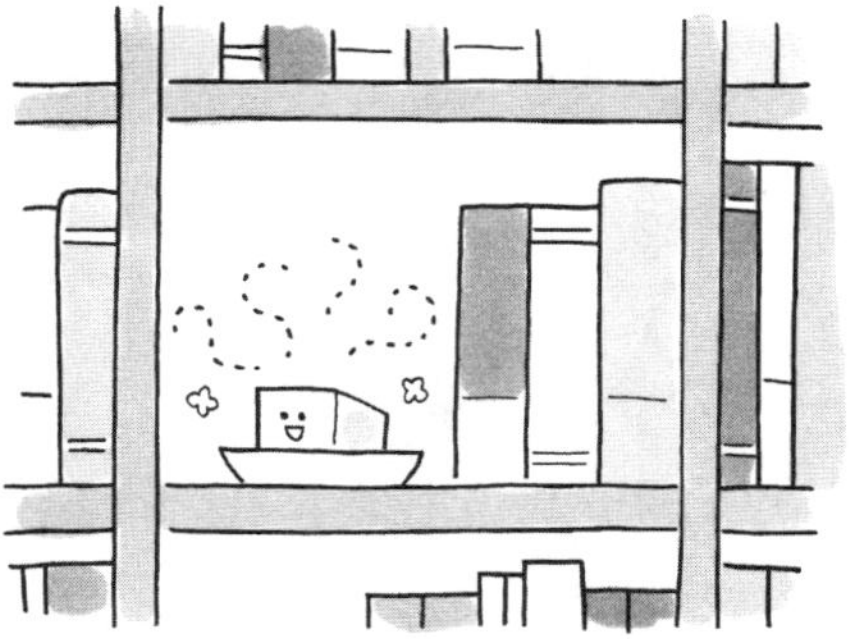

ラベンダーのアロマオイルを染み込ませたメラミンスポンジでシミ予防。ほこりの多い場所に置いておく。

ンスポンジ。水を含むと逃がさない高い吸水性を活かし、アロマオイルと組み合わせて、寄せつけないようにすることができます。

メラミンスポンジに染み込ませるのは、シミが嫌うとされるラベンダーのアロマオイル。ラベンダーの香りはリラックス効果があることで知られていますが、虫よけにも効くのです。

使い方としては、メラミンスポンジを1㎝四方程度に小さくカット。これにアロマオイルを染み込ませ、小さな皿やカップなどに入れて、ほこりがたまりやすい場所や本棚などに置くようにしましょう。ラベンダーの香りを嫌って、シミが寄ってこなくなります。このアロマ作戦と並行して、シミのエサとなるほこりをためないことも十分心がけてください。

和室の引き戸

軽くこするると、簡単にキレイに

汚れが取り除かれると、開け閉めもスムーズに

水で濡らして使うメラミンスポンジは、水気を嫌う畳には向きません。では、和室では使うところがないかといえば、そんなことはありません。障子やふすまなどの引き戸のレールは、メラミンスポンジで拭くと劇的にキレイになるのです。

引き戸のレールは、ほこりや髪の毛などが絡みやすいところ。あまり手入れされていない場合、ところどころが黒く汚なくなっていることでしょう。これらの汚れは表面にこびりついているので、メラミンスポンジで軽くこするだけで取り除くことができます。汚れが取れると、見た目がキレイになるだけではなく、障子やふすまの開閉もよりスムーズになるはずです。

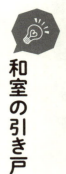

窓の明るさをキープする極意

窓に汚れがついていると、
部屋の雰囲気も
何だか暗くなってしまいます。
メラミンスポンジで拭いて、
明るさを取り戻しましょう。

サッシのレール

筋切りカット

切り込む深さは
出っ張り部分の
高さに合わせる

レール全体をまるごとキレイに

雑巾で拭き掃除するよりも、はるかに手軽で時短に

サッシのレールには、ほこりなどの汚れがたくさんついているものです。一般的な掃除の方法としては、まず濡れ雑巾で拭いて、汚れがひどい場合は水も流し、最後に乾拭きして仕上げる、といった流れでしょう。しかし、これでは相当な手間がかかってしまいます。

そこで、メラミンスポンジを使って、レールの汚れを落としてみましょう。あるひと工夫をすれば、雑巾による掃除とは比較にならない短時間で、汚れをしっかり落とすことができます。

レールを掃除するとき、加えたいひと工夫は「筋切りカット」。まず、大きめのメラミンスポンジをレールにギュッと押しつけます。こうすると、メラミンス

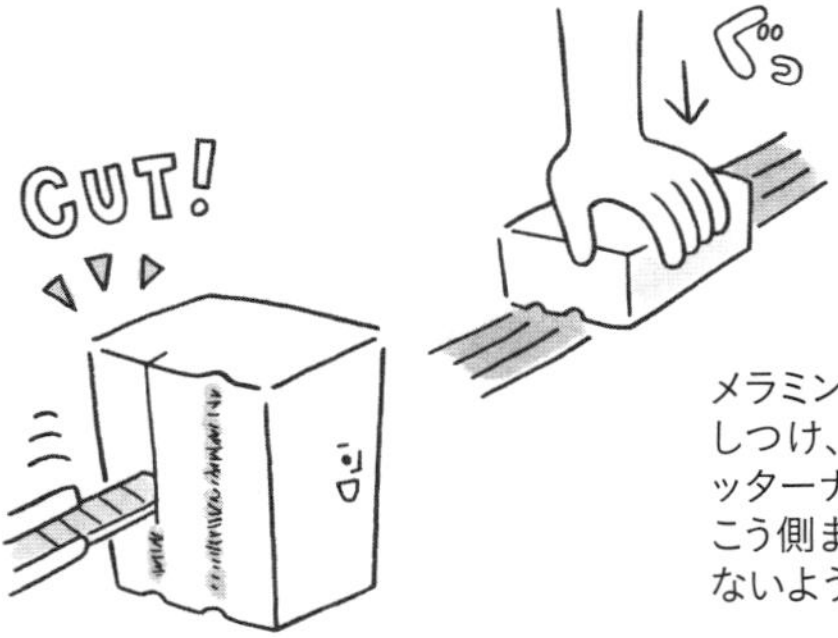

メラミンスポンジをレールに押しつけ、ついた汚れの線をカッターナイフで筋切りする。向こう側までカットして切り離さないように注意を。

ポンジに汚れが移って、2本の黒い線がつくはず。その2本の線にカッターナイフを当てて、直線の切り込みを入れるのです。

この「筋切りカット」を濡らして、軽く水を絞ります。そして、2本の筋をレールに合わせて押しつけ、レールの上をスーと動かしましょう。すると、レール全体の汚れがいっぺんに取り除かれ、見違えるようにキレイになります。メラミンスポンジに含まれていた水がレールの上に垂れるので、仕上げに雑巾で乾拭きしてください。

レール掃除で使うのは、軟らかい安価なメラミンスポンジがおすすめ。密度の高い上質なメラミンスポンジと比べて、レールに押しつけたときに、より深くへこんで、汚れの線がつきやすいからです。

網戸

キッチンでは
メラミン＋アルカリ性洗剤

両手使いで、裏表を同時に

表面のほこりを落としてから、メラミンスポンジで拭く

網戸の汚れはとても頑固。網目の中に入り込んで、積み重なってこびりつき、雑巾で水拭きする程度ではなかなかキレイになりません。こんな厄介な汚れも、メラミンスポンジを使えば、驚くほど簡単に落とすことができます。

網戸のような汚れがひどいところを掃除する場合、いきなりメラミンスポンジで拭くのではなく、ひと手間が必要。こびりついた汚れが水を含むと、しつこい泥汚れになってしまうので、刷毛《はけ》や掃除機などを使って、表面の汚れを落としておきます。

メラミンスポンジを使うときは、垂れた水で濡れるのを防ぐために、レジャーシートなどを敷いておくの

両手でメラミンスポンジを持ち、網戸を挟んでこすると、裏表の汚れを同時に取り除ける。

を忘れずに。また、網戸を拭くとメラミンスポンジがすぐに真っ黒になるので、水を入れたバケツをそばに置いておきましょう。拭いてメラミンスポンジが汚れたら、バケツで洗ってまた拭いて……というサイクルで進めます。キッチンに近いところの網戸には、油汚れがこびりついているので、アルカリ性洗剤を併用するのがいいでしょう。

手際良く作業を進めるには、メラミンスポンジの両手使いがおすすめ。それぞれ両手に持って網戸を挟み、両側から同時にキレイにするやり方です。これは掃除のプロが使う裏技。ぜひ、試してみてください。

網戸の汚れ落としで注意が必要なのは、力を入れ過ぎないこと。強く押すと網戸がしなって、緩んだり破れたりする恐れがあります。

エンボス加工の窓

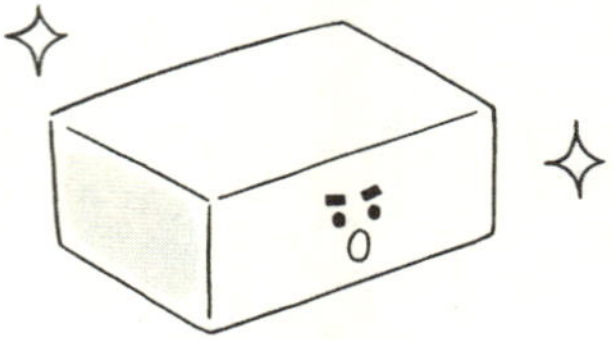

洗剤を使わなくても、十分キレイになる！

オシャレで目隠し効果もあることから、エンボス加工の窓の人気が高まっています。このタイプの窓は、表面がデコボコしているので、掃除するのがけっこう大変です。へこんだ部分に入り込んだ水を取り除きにくいのも難点。洗剤を使って拭いた場合、成分が残ったまま乾くと、そこだけくすんだ色になって、貧相な感じになってしまいます。

こうしたエンボス加工の窓は、メラミンスポンジに水をたっぷり含ませて拭くのがいちばんです。押しつけることによって、デコボコした部分に密着。洗剤を使わなくても、研磨作用によって汚れを取り除き、同時に水拭きの効果もあがります。

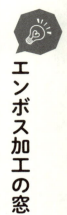

ブラインド

挟み込みメラミンクロス

両側から挟み込んで拭く

薄くて弱い羽根の汚れ落としにぴったり

掃除をするときに気を使うのが、窓周りに吊り下げられているブラインド。羽根の部分が薄くて弱いため、上から力を加え過ぎると、バキッと折れてしまうことがあるからです。加えて、雑巾で拭くだけでは、単にほこりを左右に動かすようなもので、根本的な汚れ落としにはなりにくいのも厄介です。

そこで、薄くカットした「メラミンクロス」を使ってみましょう。両側から挟み込み、均等な力で拭けるので、片側から過大な負荷がかかることがありません。しかも、メラミンスポンジ独特の適度な研磨作用によって、こびりついていたしつこい汚れも、キレイに取り除くことができます。

シャッター

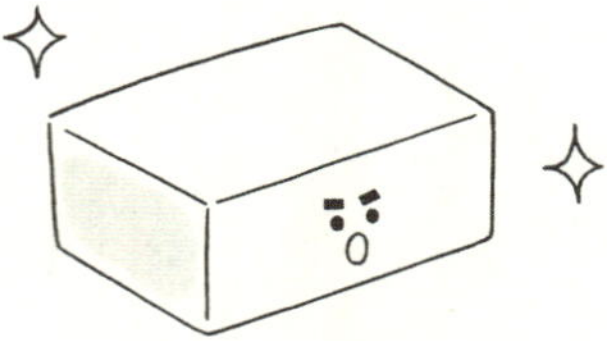

外側の汚れはメラミンで

ホースで汚れを洗い流し、しつこい錆などをこする

雨戸代わりとして窓に備えられているシャッター。内側はほこり汚れがほとんどなので、洗車ブラシなどの大きな刷毛でサッサッと払うと、それだけで随分キレイになるでしょう。

問題なのは屋外に向いている側で、排気ガスや土ぼこりなどで相当汚れている場合があります。こうしたシャッターを掃除するには、まずホースで勢い良く水をかけて、汚れをある程度流し落としたほうがいいでしょう。

そのうえで、メラミンスポンジを使って、汚れが残っているところを拭くようにします。特に錆が浮いている部分は、しっかりこするようにしましょう。

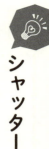

お風呂がもっと快適になる裏ワザ

お風呂は掃除をこまめにしていても、
水垢やカビなどのイヤな汚れが
こびりついてしまうことが…。
そんなときこそ、
メラミンスポンジの出番です！

天井

高い場所でも掃除が楽々

大きめのメラミンを装着し汚れを効率良く取り除く

浴槽や洗い場は毎日きちんと掃除をしていても、手の届かない天井はどうしても怠りがちになるもの。そこで、長い柄の先にお掃除シートがついているフローリングワイパーを利用しましょう。

とはいっても、フローリングワイパーをそのままでは使いません。お掃除シートの上に、100円ショップで売っているような大きなメラミンスポンジを装着するのです。厚みがあり過ぎる場合は、適度な厚さにカットして使いましょう。装着は輪ゴムで留めるだけでOK。太めの輪ゴムを使って、両側をしっかり固定し、拭くときにずれないようにします。

浴室の天井は、カビや水垢などがついているのに加フローリングワイパーの先にメラミンスポンジを輪ゴムで装着。

↓

天井にメラミンスポンジを当てて、汚れを落とす

↓

マイクロファイバークロスを装着し、乾拭きして仕上げる

えて、汚れのなかにはバクテリアも増殖しています。フローリングワイパーを上に向け、メラミンスポンジをしっかり当てて、こういった汚れを一気に取り除きましょう。

　天井に押しつけながら拭くと、当然、メラミンスポンジから水が滴り落ちてきますが、浴室なのでいくら濡れても大丈夫。リビングの天井なども、同じやり方で掃除ができますが、その場合は床にレジャーシートなどを敷くようにしてください。

　メラミンスポンジで拭いたあと、天井には水滴が残ります。そこで、フローリングワイパーからメラミンスポンジを外し、代わりにメガネ拭きのような素材のマイクロファイバークロスを固定。このやり方で水滴を拭くと、キレイに仕上げることができます。

浴室の排水口

竹串メラミン

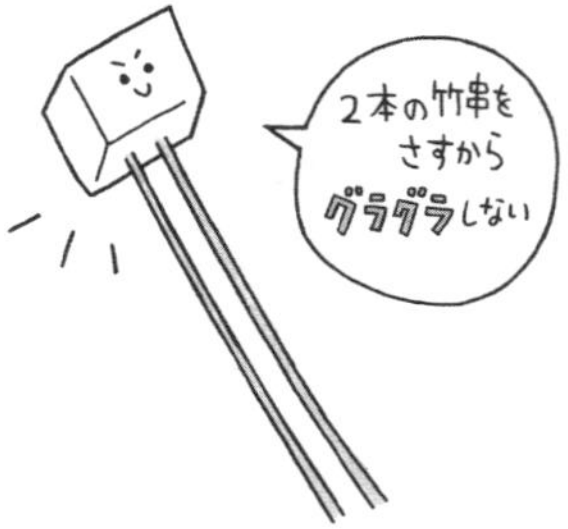

2本刺して安定させて使用

髪の毛などのイヤな汚れを手で触らずに取り除く

浴室の掃除のなかでも、最も気が重いのは排水口ではないでしょうか。髪の毛が絡み、その上に垢がこびりつき、赤いバクテリア汚れもあるという、ちょっと勘弁してほしい汚れ方です。

こうした触りたくない場所こそ、加工しやすいメラミンスポンジを活用すべき。適度な大きさにカットし、2本の竹串で刺して固定する「竹串メラミン」でキレイにしましょう。シャワーの水を当てながら拭くと、簡単に汚れをこそげ落とすことができます。

排水口のカバーについては、メラミンスポンジを使う必要はありません。洗剤を使ってスポンジなどで洗うだけでいいでしょう。

ヘアピンなどから移った錆

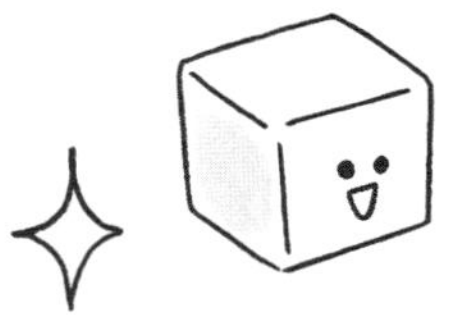

軽くこするだけで取り除ける

コーティング加工かどうか、事前に確認しよう

浴室にヘアピンやカミソリなどをうっかり放置。しばらくたってから、置き忘れに気づいて手に取ると、その下が赤く錆びていた……。こんな失敗をしたことはありませんか。

鉄の錆は、普通のスポンジに洗剤をつけてこすっても、なかなか落ちてくれません。こうしたときこそ、メラミンスポンジ。独特の研磨作用によって、赤錆を簡単に取り除くことができます。

ただ、浴槽の縁に置きっぱなしにしていた場合は、コーティング加工まではがれるかもしれません。コーティング加工されているタイプかどうか、確認してから試すようにしましょう。

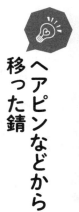

浴室のトビラの下側

狭い場所でも手入れ可能

掃除する場所に合わせて、メラミンの大きさを変える

浴室を掃除するとき、つい怠りがちになってしまうのがトビラの下のほう。レールに水切り用のゴムがつけられていたり、換気扇を回す際、空気の通り道になる小さな穴がいくつも開いていたりと、相当複雑な形状をしています。

こうしたことから、どうしても日々の手入れは、洗いやすい浴槽や洗い場などが中心になるでしょう。しかし、メンテナンスが行き届かない分、トビラの下の部分は汚れが積み重なり、こびりついていることが多いものです。ときどき、メラミンスポンジを使って、汚れをしっかり落としてあげましょう。

まず、トビラのレール。サッシのレールなら、浅く広めの部分は「三角カット」の底の部分を使って拭く。

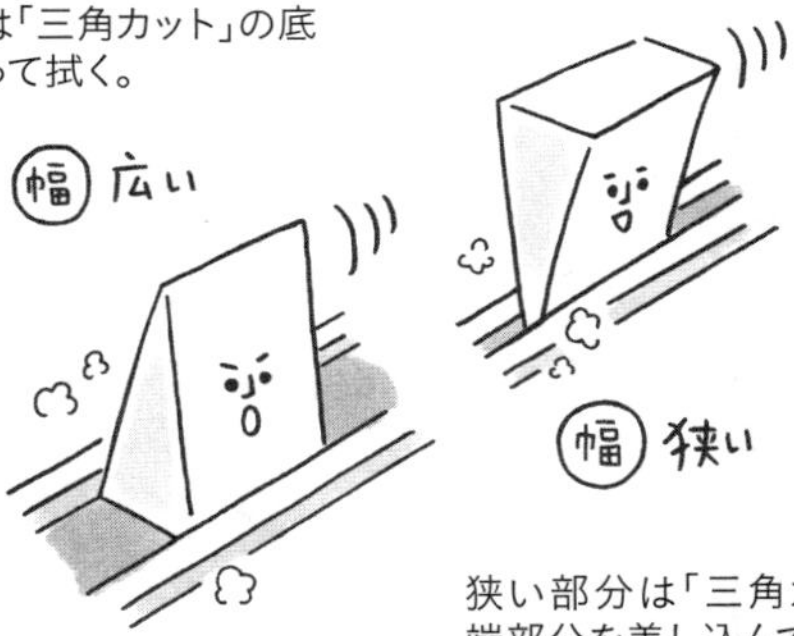

狭い部分は「三角カット」の先端部分を差し込んでこする。

切り込みを入れた「筋切りカット」で掃除ができますが、浴室の場合はNG。水切り用のゴムに高さがあるので、うまく行うことができません。

浴室のレールを効率良く手入れするには、急須の注ぎ口といった狭い場所を掃除するための「三角カット」がいちばん。大きめのメラミンスポンジを薄切りにして、それを細長い三角形にカットする方法です。狭くて細かい作業が必要な部分には、先の尖ったところを当ててこすります。一方、やや広い場所には、三角形の底の幅がある部分で拭くといいでしょう。

トビラの下のほうにある穴も、三角カットの先端部分で掃除することができます。汚れがひどくて、手で触りたくない場合は、小さくカットしたメラミンスポンジを爪楊枝に刺して使うといいでしょう。

カラン

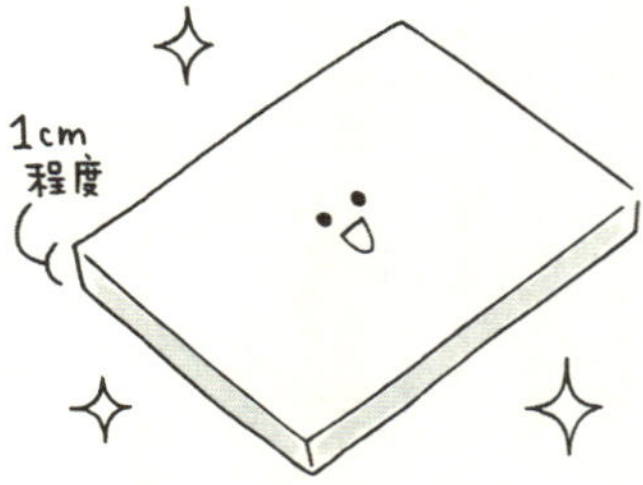

巻きつけて滑らせる

シャワーヘッドや物干し竿もメラミンスポンジが最適

水や湯が出てくるカラン（蛇口）は、清潔さを保って当たり前の部分。しかし、よく見ると、けっこう汚れているものです。なかでも、上からは見えない管の下側部分は落とし穴。水垢がこびりつき、カビが生えていることもあります。こうしたカランの汚れは、メラミンスポンジを使ってこそぎ落としましょう。

カランを手入れしやすいのは、薄くカットした「メラミンクロス」。管に巻きつけて、ス〜と滑らせると、大抵の汚れを落とすことができます。浴室ではシャワーヘッドやランドリーパイプ（物干し竿）なども汚れやすい場所。カランと同じように、メラミンクロスで拭いてキレイにしてあげましょう。

トイレ・洗面所をキレイにするコツ

トイレや洗面所など、
水回りの汚れ落としにも
メラミンスポンジは威力を発揮！
どの場所は、どう拭いたらいいのか、
具体的な方法を紹介します。

手すり

薄くカットし、包み込んで拭く

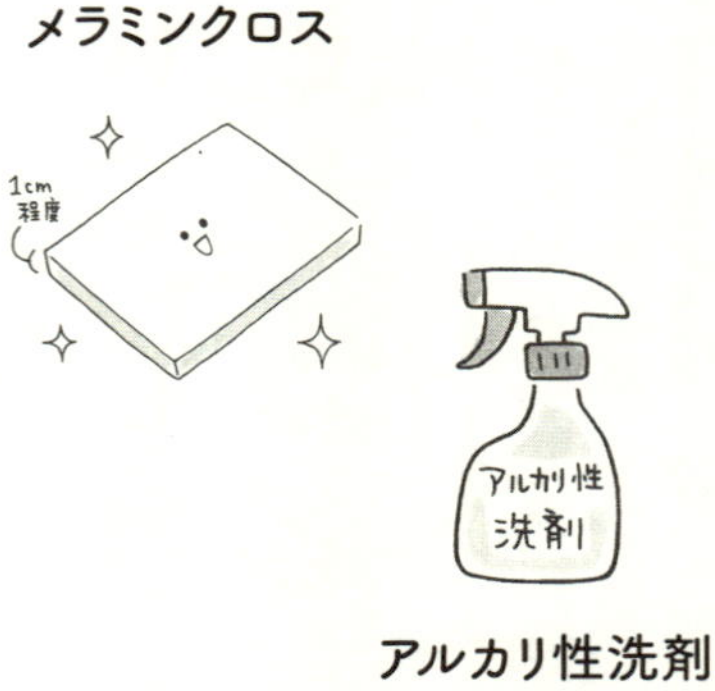

手垢は酸性なので、アルカリ性洗剤が有効

最近の住宅はバリアフリーの一環として、トイレや階段の壁に手すりを設けることが多くなりました。高齢者でなくても、手すりがあれば便利なもので、無意識のうちに握って利用している人も多いでしょう。

こうして普段、1日のうちに何度も手でつかまれていると、手すりはどうなるでしょう？　当然のように手垢がつき、それにほこりなどが付着して、頑固な汚れになっていきます。

じつは、手すりはけっこう汚れやすいところ。それなのに、掃除を怠っていると、だんだん汚れが積み重なってこびりつくことに……。こうなると、濡れ雑巾で拭くだけでは、完全にキレイにするのは難しいもの

メラミンクロスに重曹水やアルカリ性洗剤をつける。

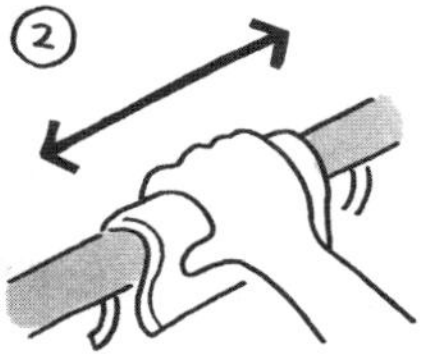

手すりを包み込むように持ち、軽く動かして汚れを落とす。

です。特にゴム製の手すりは汚れやすいことを覚えておきましょう。

　こうした頑固な汚れがついた手すりは、メラミンスポンジで拭くのがいちばんです。100円ショップなどで売っている大きめのメラミンスポンジを購入。カッターナイフを使って、薄めにカットして切り離し、「メラミンクロス」を作ります。

　メラミンスポンジは弾力性があって軟らかいので、薄く切った布のような状態にすると、雑巾と同じ使い方ができます。メラミンクロスで手すりを包むようにして、軽く動かして拭きましょう。手垢は酸性の汚れなので、弱アルカリ性の重曹水やアルカリ性洗剤を併用すると、もっと簡単にキレイにすることができます。最後に水拭きと乾拭きで仕上げるのを忘れずに。

トイレの排水口

竹串メラミン

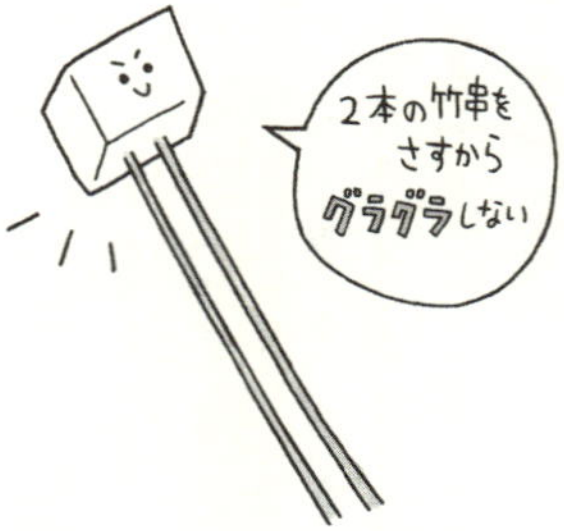

汚れた部分を触らずに掃除

メラミンスポンジが外れないように、2本の竹串で安定させる

すぐに汚れやすいのがトイレの排水口。汚いので、できればあまり掃除をしたくない……というわけにはいきません。手入れをしないで放置しておくと、たった1週間ほどで、排水口がドロドロになってしまうこともあります。

こうしたトイレの排水口の掃除に最適なのが「竹串メラミン」。カットしたメラミンスポンジに、長い竹串を刺したもので、汚れた部分を触ることなく、掃除を済ませられます。注意点は、2本の竹串を使って、しっかり安定させること。メラミンスポンジが外れると、排水口が詰まる恐れがあります。掃除をすると汚れるので、1回切りの使い捨てにしましょう。

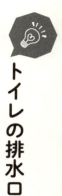

洗濯機

すき間に差し込み、
汚れを掻き出す

縦型式で汚れやすいのは、フタのジョイント部分

意外に汚れている必需品の電化製品が洗濯機。手入れをしないと、汚れがこびりついたり、カビが発生して黒くなったりします。洗濯機は肌に直接身につけるモノを洗うところ。定期的にカビ取りなどを行い、清潔さを保つように心がけましょう。

しかし、日ごろ注意していても、タテ型式洗濯機の場合、フタのジョイント部分などに汚れがたまりやすいものです。こうした狭いところの汚れ落としには、メラミンスポンジを薄くカットし、先端を斜めに切る「斜めカット」が適しています。斜めの部分をすき間に入り込ませ、軽く動かして汚れを掻き出すようにしましょう。

メイクボックス

メラミン＋クレンジングオイル

オイルを含ませて、全面を拭く

高い吸水力によって、オイルが全面に行き渡る

いろいろな化粧品が入っているメイクボックスは、ファンデーションなどがこぼれて、意外にかなり汚れていることがあります。けれども、肌につけるものを保管するところなので、できれば洗剤は使いたくありません。

そこで、メラミンスポンジの力を借りましょう。クレンジングオイルを含ませ、メイクボックスを隅から隅まで拭きます。メラミンスポンジは吸水力が高いので、均等にオイルを行き渡らせることができます。こうしてファンデーションなどの汚れを浮き上がらせたら、流水でしっかり洗い流し、軟らかいマイクロファイバークロスで拭いて仕上げましょう。

玄関・ベランダが見違えるひと工夫

家のなかとは違って、
玄関やベランダは掃除が滞り、
しつこい汚れがつきやすいもの。
積み重なった土や泥などを
メラミンスポンジで取り除きましょう。

玄関タイル

イヤな黒ずみはメラミンで取る

適度な大きさにカット

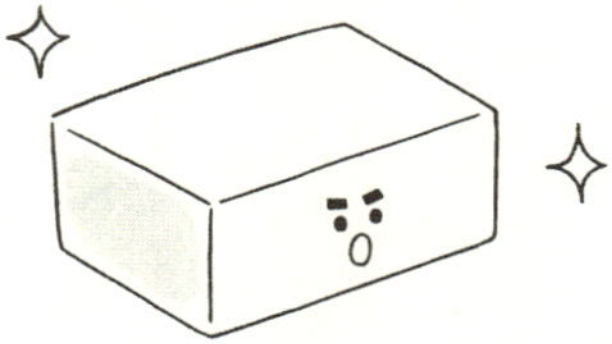

まず土ぼこりをほうきで掃き、それからメラミンで拭く

外出先から帰ってきて、汚く黒ずんだタイルの玄関で靴を抜いでいると、何だか暗い気持ちになった……という残念な経験をしたことはありませんか？　また、友人や知人を招いたとき、部屋がキレイに掃除されていても、ドアを開けて最初に目にする玄関が汚かったら、印象はいきなり悪くなってしまいます。

玄関が汚れやすいのは、帰宅したとき、靴の裏に土やほこり、花粉などがいっぱい付着しているからです。特に雨の日は要注意で、外出した場合、泥をくっつけて帰ってくることになります。こうした汚れが積み重なってできるのが、イヤな黒ずみ。普通に拭いただけでは取りにくいので、メラミンスポンジの研磨作用を

まず、土ぼこりなどをほうきで掃いて、ある程度キレイにする。

メラミンスポンジで黒ずみをこすって取り除く。

効かせるようにしましょう。

まず、ほうきとちり取りを使って、簡単に掃除をします。いきなりメラミンスポンジで拭くのではなく、タイルの表面にある土やほこりをできるだけ少なくすることが大切なのです。

ほうきで掃いても、頑固な汚れは取れず、汚い黒ずみが残ってしまいます。そこで、メラミンスポンジでそういった部分を重点的に拭くようにします。油汚れなどのしつこい汚れではないので、洗剤は必要なく、水を含ませてこするだけでOKです。

住居環境などにより、どうしても玄関が汚れやすいのなら、玄関用のシートを敷いておくといいでしょう。汚れを予防するだけではなく、雰囲気がぐっとオシャレな感じになります。

ベランダの手すりの壁

まずは水だけ、次は洗剤併用で

エンボス加工にこびりついたしつこい汚れも取り除ける

ベランダの手すりの壁は土ぼこりや排気ガス、花粉などにさらされて、汚れがつきやすいものです。しかし、部屋の外にあるので、掃除が後回しになり、手入れが行き届かない場合も多いでしょう。

そういった手すりの壁は、しつこい汚れがこびりついているはず。特にエンボス加工が施されている場合、へこんだ部分に土ぼこりなどがたまり、頑固な汚れになっていることがよくあります。

汚れた手すりの壁を掃除するとき、まずはメラミンスポンジに水を含ませるだけで拭いてみましょう。メラミンスポンジは軟らかいので、エンボス加工のへこんだ部分にしっかり密着し、こびりついた汚れを緩め

ステップ1

最初はメラミンスポンジに水だけを含ませて拭く。

ステップ2

落ちない汚れがあったら、中性洗剤を溶かした水を含ませて拭く。

て掻き出します。力を入れる必要はなく、軽く拭くだけで意外にキレイになるものです。

水を含ませるだけでは、汚れをすべて取りきるのは難しい……こんな場合は中性洗剤を併用します。中性洗剤を溶かした水を含ませ、汚れている部分を拭いてキレイにし、そのあとでホースで水をかけて洗剤を流しましょう。

ホースを使えないなら、バケツを2個使うと作業しやすくなります。片方のバケツには中性洗剤を溶かした水を入れ、もう片方にはたっぷりの水。洗剤を使って汚れを落としたら、次は水だけで拭く、という流れで作業しましょう。

いずれの場合も、最後は仕上げの乾拭きをして、汚れカスが壁に残らないようにすることが大切です。

ベランダの手すり

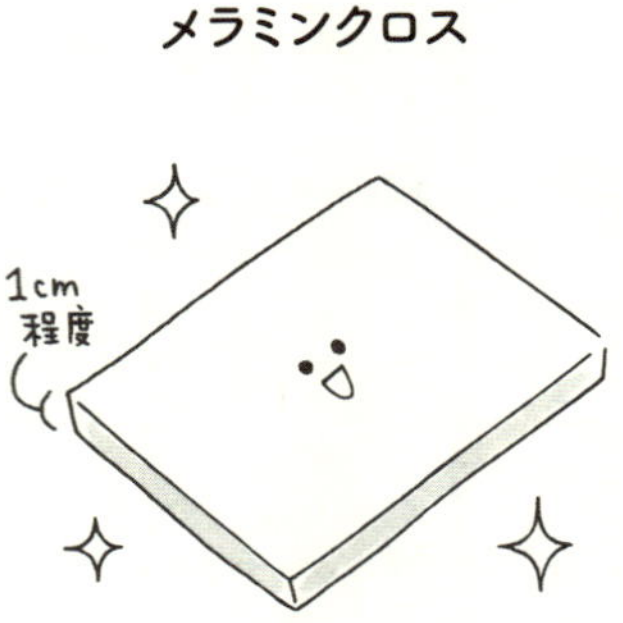

ときにはしっかり
汚れ落としを

高圧縮のメラミンスポンジでしっかり拭く

雨は想像以上に、細かい砂の粒子などのほこりを含んでいます。ベランダの手すりは、こうした雨に濡れては乾き、濡れては乾き……というサイクルを繰り返すので、相当汚れているところです。布団をかけて干したとき、こうした汚れが移ったら大変。ときどき、汚れをしっかり取り除くようにしましょう。

ベランダの手すりは「メラミンクロス」を使うと、効率良く汚れを落とせます。注意したいのは、汚れが積み重なっている場合、安い低品質のもので拭くと、すぐにボロボロになること。グレードの高い高圧縮のメラミンスポンジを使うようにしましょう。キレイに拭いたら、最後は濡れ雑巾で仕上げます。

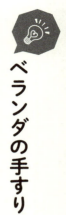

物干し竿

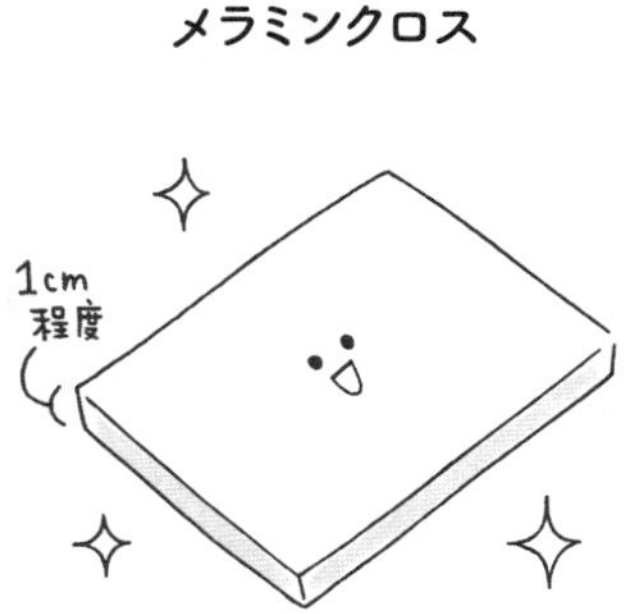

竿を握って、左右に動かすだけ

雑巾で拭くよりも、ずっと汚れ落とし効果あり

ベランダに必ず備えられているのが物干し竿。常にほこりや排気ガスにさらされ、ときには土ぼこりや黄砂を含んだ雨に打たれることもあるので、定期的にきちんとメンテナンスする必要があります。

物干し竿の汚れ落としに便利なのが、大きめのメラミンスポンジを薄くカットした「メラミンクロス」。雑巾で拭くときのように、物干し竿を包んで握り、左右にス～と動かすと、表面にこびりついている汚れを根こそぎ取り除くことができます。

メラミンクロスを使ったら、最後に濡れ雑巾で拭いて、細かいカスなどを取り去って、キレイに仕上げるようにしましょう。

庭履きサンダル

単純な土汚れは
簡単に落ちる

こびりついた頑固な汚れは、メラミンスポンジで

サンダルは気軽に使う履き物なので、普段、あまり洗わないかもしれません。しかし、そういったサンダルをよく見れば、手入れが行き届かない分、汚れが重なって、頑固にくっついていることでしょう。

こうなってしまうと、ただ水洗いするだけでは落ちにくいものです。メラミンスポンジで拭いて、キレイにしてあげましょう。

サンダルの汚れは土やほこりが中心なので、ごく基本的な使い方で十分。メラミンスポンジを適度な大きさにカットし、しっかり濡らしてから軽く絞り、水をたっぷり含んだ状態で軽くこするようにします。汚れを落としたら水で洗い、乾かしておきましょう。

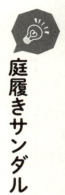

モノが新品同様になるアイデア

部屋の掃除だけではなく、
いろいろなモノのメンテナンスも、
メラミンスポンジの得意ワザ。
家電からPC、遊び道具まで、
キレイに手入れしましょう。

バッグ

ホットメラミン

重曹水

油を含んでいる手垢を緩ませて

しつこい汚れの場合のみ、重曹水を含ませて拭く

手で持つアイテムという性質から、バッグの持ち手は汚れやすいもの。合成皮革のバッグなら、メラミンスポンジで汚れを落とすことができます。

持ち手の汚れは手垢がほとんど。手垢は皮脂が含まれた油汚れの一種なので、電子レンジで加熱する「ホットメラミン」で、汚れを緩ませて取るようにします。温めたもので拭くと、汚れがより落ちやすいので、余分な力を加える必要がなく、表面が傷つきにくいという利点もあります。

汚れがひどいなら、弱アルカリ性の重曹水を含ませて拭きます。この場合、成分が残ると素材に良くないので、水拭きと乾拭きで仕上げましょう。

パソコンのキーボード

キーボードのすき間を簡単に掃除する

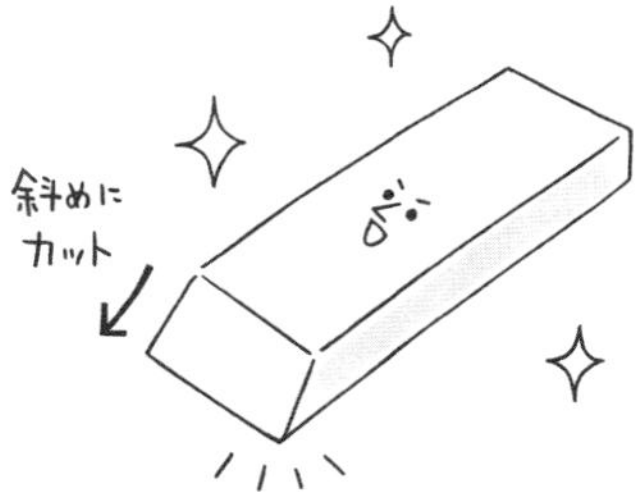

水を含ませないで、そのまま使ってほこり取り

パソコンのキーボードの掃除は厄介。キーボードのすき間のごく狭い溝にほこりがよくたまり、取り除くのは簡単ではありません。こうした狭い部分の汚れ落としも、メラミンスポンジの得意とするところです。

メラミンスポンジは通常、水を含ませて使用しますが、パソコンには厳禁。乾いた状態のままで、溝に入る幅に薄く切って、先の部分を斜めにカットします。この斜めの部分を溝に差し込むと、メラミンスポンジの繊維にほこりが付着し、簡単にキレイになります。

なお、キーボードの表面の汚れ落としには、メラミンスポンジを使ってはいけません。描かれているアルファベットや数字が削られて消える恐れがあります。

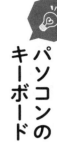

自転車

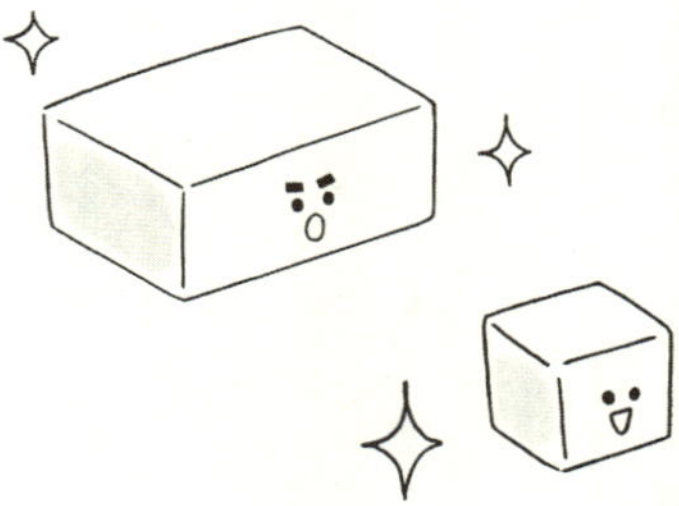

泥落としや
錆取りに効果あり

メラミンスポンジOKの場所を上手にメンテナンス

自動車のボディは鏡面加工されているので、メラミンスポンジでこすると、研磨作用によって傷ついてしまいます。これに対して、自転車にはメラミンスポンジを使える場所が多いので、メンテナンスにうまく利用しましょう。

自転車の装備のなかでも、特に汚れやすいのがフェンダー（泥よけ）です。雑巾で拭いても汚れを落とせますが、すぐにドロドロになって、何度もすすぎながら作業を続けなければいけません。これに対して、メラミンスポンジはすすぎが簡単なので、より効率的に泥汚れを落とすことができます。

錆がこびりついたところも、メラミンスポンジでこ

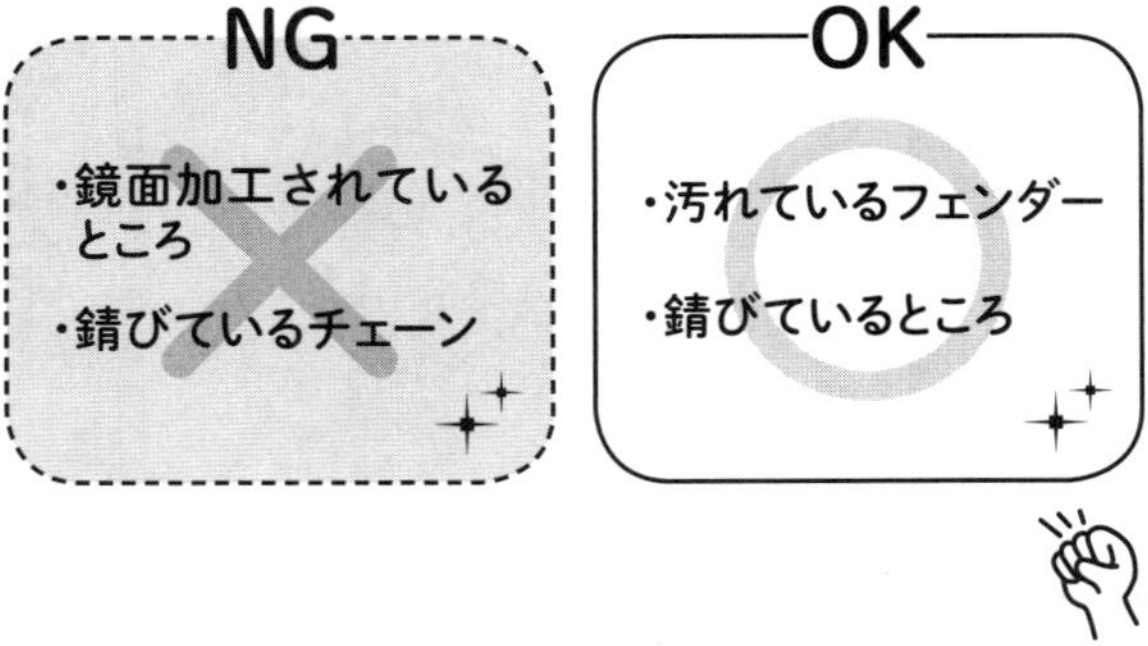
NG
・鏡面加工されているところ
・錆びているチェーン
OK
・汚れているフェンダー
・錆びているところ

すってみるといいでしょう。錆を完璧に取ることはできませんが、かなり薄くできるはずです。ただし、チェーンは錆びていてもこすらないほうが無難。メラミンスポンジのカスが絡みついて、トラブルの原因になる可能性があります。

錆を取るには、やや強めに拭く必要があるので、グレードの高いメラミンスポンジを使いましょう。100円ショップで売っているような安いものは、強くこするとカスがボロボロ出て、あっという間に使いものにならなくなってしまいます。

メラミンスポンジを使う際、注意すべきなのは、自転車も鏡面加工されている部分があること。怪しい場所は、まず目立たないところを軽く拭いてチェックし、大丈夫なことを確認してから行うようにします。

スニーカー

ソールの側面はメラミンにお任せ

適度な大きさにカット

布の部分を傷つけないように、側面だけを軽く拭く

いくらオシャレなスニーカーを履いていても、真っ白いはずのソールの側面が汚れていたら台無しです。こうした場合、洗剤を溶かした水に浸し、ブラシでこするのが通常のメンテナンス。しかし、洗剤を使うと、あとで仕上げの水洗いをしなければいけません。

面倒な手間を考えると、ちょっとした汚れ落としは、洗剤を使わずに済ませたいもの。そこで、メラミンスポンジで拭くことをおすすめします。ゴムの表面についた汚れの処理は、メラミンスポンジの得意分野。水を含ませて拭くだけで、簡単に取り除くことができます。ただし、布の部分をこすると、繊維が傷つく恐れがあるので、注意して行いましょう。

上履き

ゴムの部分には洗剤は必要なし

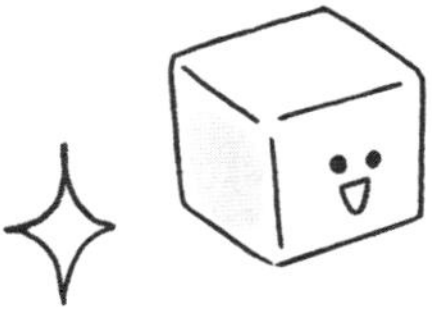

適度な大きさにカット

水をたっぷり含ませて、軽く拭くだけでキレイに

白いコットン製で、先端とソール部分を色つきのゴムが覆っている上履き。子どもが学校で毎日履くものなので、汚れるのはけっこう早いものです。内側の汚れは、皮脂などが染みついたものなので、洗剤を使ってキレイにする必要があります。一方、外側のゴムの汚れは、洗剤なしでキレイにすることが可能です。

少々汚れた程度なら、メンテナンスはメラミンスポンジで十分。水で濡らしてから軽く絞り、力を入れずに拭きましょう。拭くときに、キュッキュッと音がするようなら、水を絞り過ぎたという合図。ゴムが傷つかないように、しっかり水を含ませて拭くようにしてください。

ゴルフシューズ

合成皮革製なら
メラミンで

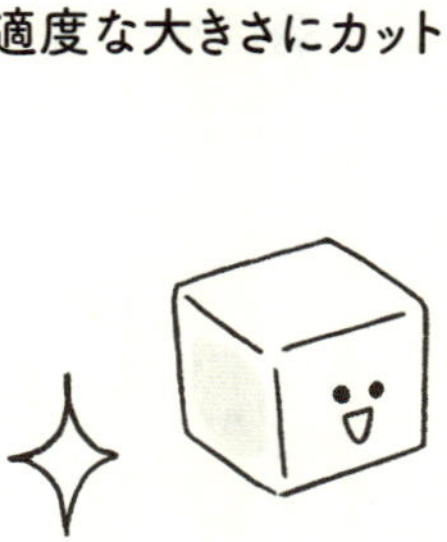

**丸洗い禁止の靴でも
メラミンスポンジならOK**

コースを1日回っただけで、土やほこり、草の切れ端、水滴などがたくさんついてしまうゴルフシューズ。繰り返し履いているうちに、そういった汚れがシューズの表面に固くこびりつき、取りづらくなってしまいます。しかし、ゴルフシューズはスニーカーなどと違い、丸洗いすることができません。メンテナンスに苦労している人は、相当多いのではないでしょうか。

ゴルフシューズが合成皮革製の場合、メラミンスポンジで手入れをしてみましょう。メラミンスポンジを使うと劇的に汚れが落ちる素材のひとつが合皮。水をたっぷり含ませて、汚れた部分を軽く拭けば、キレイに生まれ変わらせることができます。

ゴルフクラブ

メラミン＋歯ブラシ

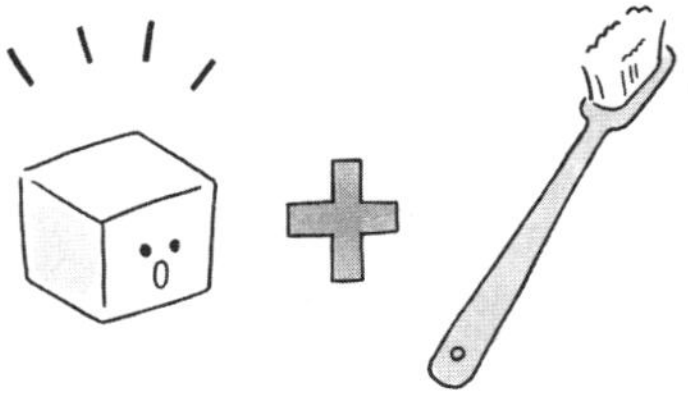

染みついてしまった頑固な汚れも落とせる

メラミンで拭く前に、取れる汚れは落としておく

丁寧な手入れによって、長く使うことのできるゴルフクラブ。でも、あまりメンテナンスしないで、使ったままで放っておく人も少なくないようです。手入れの良くないゴルフクラブには、土汚れがたくさんついています。放置しておくと、錆の原因にもなるので、きちんと汚れを落とすようにしましょう。

ゴルフクラブにもメラミンスポンジは有効ですが、いきなりは使いません。まず、歯ブラシを使って、付着している土汚れを取り除きます。そして、濡らしたメラミンスポンジで、歯ブラシでは取れない頑固な汚れを拭いてキレイにしましょう。ボールを打ったときにできる黒い汚れも取り除くことができます。

バット

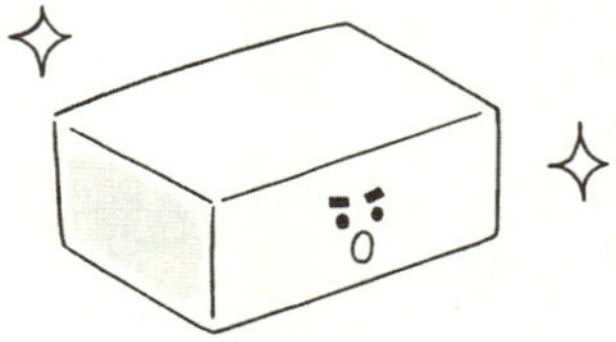

金属のアイテムはメラミンが効果大

手垢や土汚れはもちろん、ボールが当たった跡も消える

スポーツ用具のなかでは、野球のバットもかなり汚れやすいものです。

手で握るところには当然、手垢や土汚れがたくさん付着します。それだけではなく、ボールが当たるところに、黒くてぼんやりした感じの汚れがつくことがよくあります。これは汚れたボールを強打したのが原因で、水で洗う程度では取り除くことができません。

一般的なバットは金属製なので、メラミンスポンジがとても得意とする分野です。よく濡らしてから軽く絞り、たっぷり水を含ませた状態で、汚れている部分をサッと拭くだけでOK。手垢や土汚れ、ボールが当たった黒い汚れなど、どれも落とすことができます。

ランドセル

背中の汗汚れを重点的に落とす

合成皮革製はメラミンで。本革製は傷つくので禁物

小学生の子どもが使うランドセル。とても丈夫で長持ちするアイテムですが、やはり使うほどに汚れはついていきます。特に汚れるのは、背中が当たる部分です。衣服を通して汗が伝わるので、次第に黒ずんだ汚れが残るようになります。

こうした汚れたランドセルの手入れは、バッグなどのメンテナンスと同じ。電子レンジで温めた「ホットメラミン」で拭き、それでも汚れが残る場合は、弱アルカリ性の重曹水を併用し、水拭きと乾拭きで仕上げます。ただし、メラミンスポンジを使っていいのは、合成皮革のものだけ。牛革などの本革性のランドセルを拭くと、表面が傷ついてしまいます。

アクセサリー

メラミン＋研磨剤

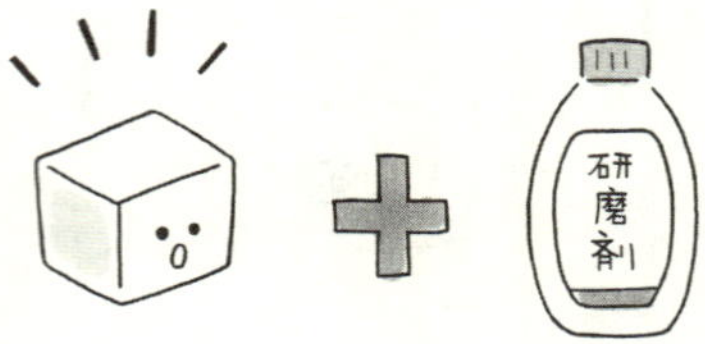

くすんだ表面をピカピカに仕上げる

汚れを取り除くだけではなく、本来の輝きを取り戻せる

胸元や手首、髪などを美しく彩るアクセサリー。しかし、表面が汚れていたり、くすんでいたりして、本来あるべき輝きを失っていれば、逆に貧相な印象を与えてしまいます。

こうしたアクセサリーこそ、メラミンスポンジで拭いてあげましょう。ただし、キラキラした輝きを取り戻すには、メラミンスポンジの研磨作用だけでは不十分かもしれません。

アクセサリーをしっかり磨きたいときには、クリーム状の金属研磨剤の力を借りるのがおすすめです。メラミンスポンジに適量を染み込ませて拭くと、汚れ落としに加えて、ピカピカに仕上げることができます。

ジッポー

メラミン＋研磨剤

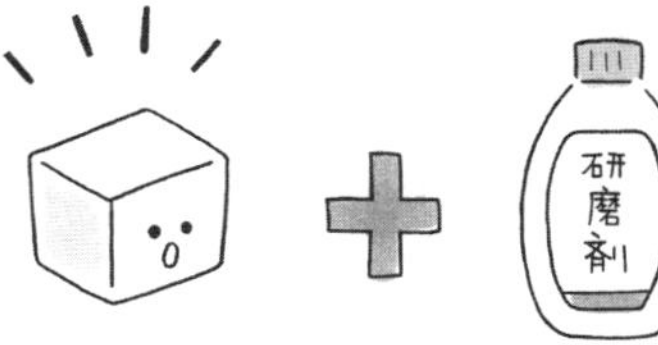

ダブルの研磨作用で
輝くシルバーに

ススで汚れている風防は、特にしっかり拭いてキレイに

愛煙家に根強い人気のあるオイルライターのジッポー。風が吹くなかでも点火できる機能性の高さに加えて、シンプルで揺るぎないデザイン性も魅力です。

ジッポーは使い込むほどに味が出るという考え方もありますが、表面がくすんだ風合いになっているのはちょっと残念。ピカピカに磨いて、新品のときのような輝きを復活させてはどうでしょうか。

ジッポーを磨くには、メラミンスポンジとクリーム状の金属用研磨剤を併用するのがベスト。両者の相乗効果によって、以前はあった銀色の輝きを取り戻すことができます。穴の空いた風防は、ススでひどく汚れている場合があるので、特に念入りに拭きましょう。

墓

固い墓石はメラミンでOK

適度な大きさにカット

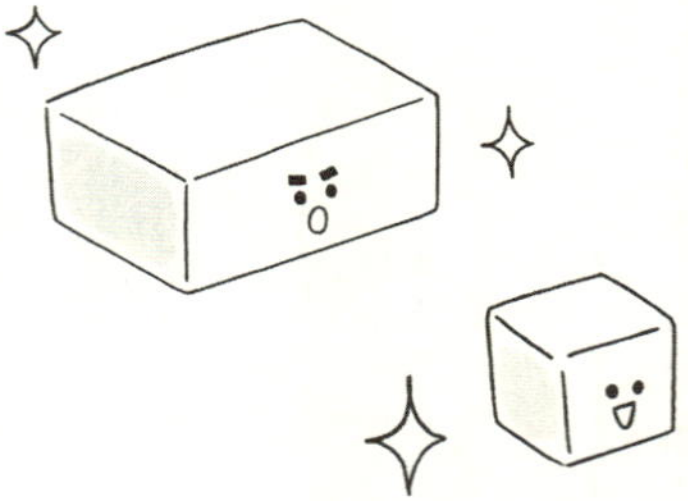

名前を彫っているところは、塗料がはげるのでNG

お墓参りに行ったとき、墓石や周りの備品に汚れがついているのを見つけたら、どのように手入れをしていますか？　ひしゃくで水をサッとかけて、タオルなどで拭くケースがほとんどでしょう。しかし、この方法では、それほどキレイにはならないものです。

墓石は当然のことながら、御影石《みかげいし》などの固い素材でできており、コーティング加工が施されていないことがほとんどです。こうした性質から、じつはメラミンスポンジによる掃除が向いているのです。

墓石についている汚れの多くは、水垢やほこりなどが固まったもの。メラミンスポンジに水を多めに含ませて、汚れている部分を軽く拭くだけで、簡単に取り

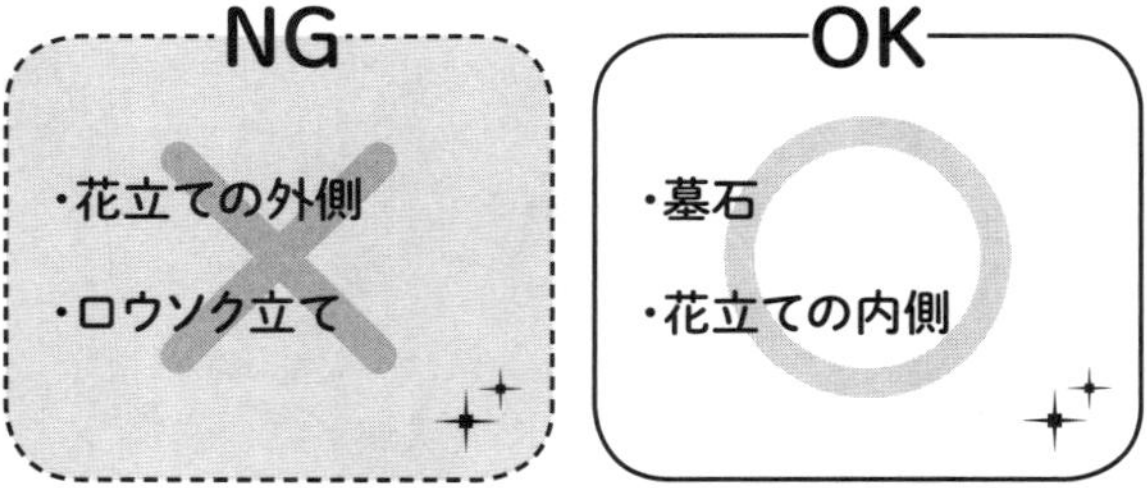

除くことができます。ただし、名前や文字を彫っている部分は要注意です。白い塗料などで塗られている場合、メラミンスポンジでこすると、研磨作用によって表面が削られ、はげてしまいます。

墓石のほかには、花立ての内側もメラミンスポンジによる掃除が適しているところ。水垢などがこびりついて、相当汚れているので、軟らかいタオルなどで拭いてもキレイにすることはできません。深さのある容器なので、「割りばしメラミン」「竹串メラミン」などで対応しましょう。

プラスチック製の花立ては、外側をメラミンスポンジで拭いてはいけません。傷ついて、一層汚れやすくなってしまいます。ロウソク立てもプラスチック製の場合は、メラミンスポンジはＮＧです。

扇風機

羽根とカバーの汚れ落としを

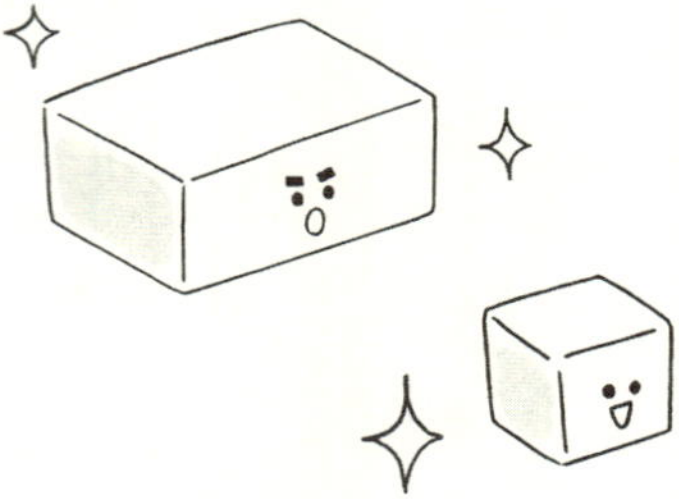

羽根とカバーを外し、たまったほこりを取り除く

扇風機はほこりがたまりやすい電化製品。特に汚れるのは、入り込んだほこりが出にくい羽根の内側部分と、細かいすき間が多くあるカバー。ときにはカバーを外し、羽根を取り出して、汚れを根本からしっかり取り除いてあげましょう。

扇風機の汚れ落としに使うのもメラミンスポンジ。それほど頑固な汚れではないことが多いので、水を含ませて軽く拭くだけでいいでしょう。ほこりも汚れも簡単に取り除けるはずです。

カバーのすき間などの狭い部分には、先を細くカットした「三角メラミン」で。すき間に差し込んで動かすと、効率良くキレイにすることができます。

メラミンスポンジは収納でも大活躍!

軟らかくて加工しやすく、
値段も安いのがメラミンスポンジ。
とても優秀なお掃除アイテムですが、
じつは収納でも使い勝手は抜群!
大いに力を発揮します。

ぴったり収納

カッターナイフで、すき間と同じ程度の大きさにカット。軟らかく、周りから押されたら縮むので、やや大きめでもOK 。

すき間の大きさにカットして、詰めておくだけ

メラミンスポンジは使い勝手が良く、非常に優秀なお掃除アイテム。とはいえ、得意とするのは汚れを落とすことだけではありません。収納を安定させるためのアイテムとしても、とても優れています。

例えば、引き出しのなかに、ちょっとしたすき間がある場合。きっちり収まらないため、開けたり閉めたりするたびに、なかに入れているものがどうしても動いてしまいます。

つい勢い良く閉めたときなど、次に開けたとき、引き出しのなかがグチャグチャになっていることもあるでしょう。あ〜あ……と、ため息をつきながら整理しても、原因となるすき間が解消されない限り、同じこ

すき間にきっちり詰めると収納が安定し、開け閉めの際にガタガタと動かなくなる。

との繰り返しになるのは明白です。

こういったとき、メラミンスポンジを利用するのがおすすめ。メラミンスポンジはとても軟らかい素材でできているので、カッターナイフを使って、大きさや形を自由にカットOK。しかも、値段の安いアイテムなので、もったいないと思うことなく、気軽に加工することができます。

引き出しのなかの様子を見て、すき間がちょうど埋まるような大きさと形にカット。職場のデスクの引き出しなら、文房具の間にある微妙なすき間などをきっちり埋めてはどうでしょう。キッチンの引き出しなら、フォークやスプーンが動かないように、といった具合に使うと効果的です。とても簡単ながら、効果は非常に大きいので、ぜひ試してください。

刺して収納

尖った小物類を刺して、機能的かつ、かわいく収納

メラミンスポンジは尖ったもので刺しやすいのも特徴。細かい部分の掃除には爪楊枝に刺す、手で触りたくないイヤな汚れには割りばしや竹串に刺す、といったように使うことができます。

この刺しやすさを収納にも利用しましょう。お弁当のピックや旗などの飾りを刺しておくと、食器棚などでかわいく収納できます。洗面所では歯間ブラシを刺して、手の届きやすいところに置くのもいいでしょう。

メラミンスポンジには簡単に穴を開けられますが、じつは１回刺すだけでは、反発力で次第に跳ね返ってきます。刺したあと、ある程度押し出されてから、もう一度刺すのが安定させるコツです。

高さをバランス良く調整

切り花を活けるときやペン立ての収納に便利

切り花や葉物を鉢などに活けるとき、高さが揃わなくて、バランス良く仕上げられなかった経験はありませんか。これからはそういったとき、剣山ではなく、メラミンスポンジを使ってみましょう。

メラミンスポンジは軟らかいスポンジ状なので、切り花などでも、簡単に刺して安定させることができます。剣山を使うと高さが足りない場合、メラミンスポンジを適度な大きさにカット。鉢の底に敷くと、高さが調整でき、全体のバランスを取ることができます。

この方法は、ペン立てなどの文房具入れにも応用可能。ペン立てとペンの高さが合わない場合、小さく切ったメラミンスポンジを底に詰めて調整しましょう。

姿置き収納

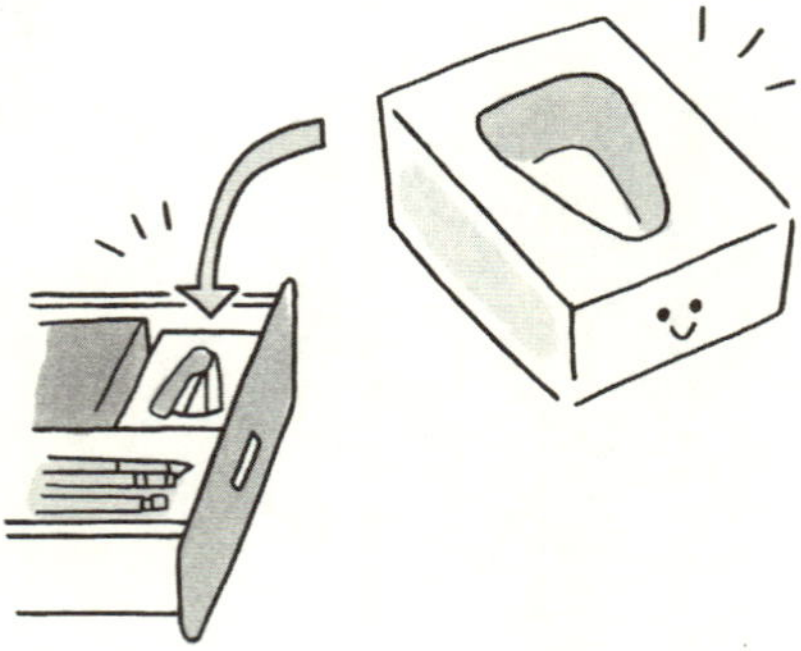

大きめのメラミンスポンジから収納したいものの形をくりぬく

メラミンスポンジの素材の持つ軟らかさ、加工のしやすさを利用し、機能的で見た目もおもしろい「姿置き収納」を試してみませんか。

まず、100円ショップで売っている、大きめで密度の低い、より軟らかめのメラミンスポンジを購入。ここに、例えばホッチキスを収納したい場合、カッターナイフを使って、うまくなかに収まるように同じ形をくり抜きます。

そのくり抜いたところにホッチキスを入れると、ちょうどぴったり収まるはず。こうして引き出しのなかに入れておくと、目当てのものをすぐに取り出すことができます。

メラミンスポンジ
基本ワザ・裏ワザ別インデックス

●大きくカット／小さくカット

基本ワザ …… 43
ガスレンジの五徳 …… 66
冷蔵庫 …… 72
ジャムの瓶 …… 94
照明器具のカサ …… 102
机の落書き …… 110
和室の引き戸 …… 116
エンボス加工の窓 …… 122
シャッター …… 124
ヘアピンなどから移った錆 …… 129
玄関タイル …… 140
庭履きサンダル …… 146
自転車 …… 150
スニーカー …… 152
上履き …… 153
ゴルフシューズ …… 154
墓 …… 160
扇風機 …… 162

●マンゴーカット

基本ワザ …… 44
シンク …… 69

●斜めカット

基本ワザ …… 45
洗濯機 …… 137
パソコンのキーボード …… 149

●三角カット
基本ワザ……46
急須の注ぎ口……86
浴室のトビラの下側……130
●筋切りカット
基本ワザ……47
サッシのレール……118
●メラミンクロス
基本ワザ……48
ドアの取っ手……103
カラン……132
ベランダの手すり……144
物干し竿……145
●挟み込みメラミンクロス
基本ワザ……49
電気コード……75
棚……100
造花……101
ブラインド……123
●割りばしメラミン
基本ワザ……50
魚焼きグリル……68
長いコップ……80
●爪楊枝メラミン
基本ワザ……51
ガスレンジのバーナーリング……67
冷蔵庫……72
弁当箱……89
浴室のトビラの下側……130

●竹串メラミン
基本ワザ……52
水筒……92
エアコン……106
浴室の排水口……128
トイレの排水口……136
●みかんネットメラミン
基本ワザ……53
水筒……92
●ハンドパッドメラミン
基本ワザ……54
広い机の上……112
●フローリングワイパーメラミン
基本ワザ……55
天井……126
●ドライシートメラミン
基本ワザ……56
床のワックスがけ……108
●ホットメラミン
基本ワザ……57
冷蔵庫……72
キッチンカウンター……74
湯呑み……78
電子レンジ……87
合皮の椅子……96
合皮のソファ……98
●メラミン＋洗剤・重曹水
基本ワザ……58／59
換気扇……70
鍋の外側……90

合皮の椅子……96
照明のスイッチ……99
壁紙……104
網戸……120
手すり……134
ベランダの手すりの壁……142
●**ホットメラミン＋洗剤・重曹水**
鍋の外側……90
照明のスイッチ……99
バッグ……148
ランドセル……157
●**メラミンクロス＋洗剤・重曹水**
手すり……134
●**メラミン＋研磨剤**
基本ワザ……60

包丁……82
アクセサリー……158
ジッポー……159
●**メラミン＋歯ブラシ**
基本ワザ……61
ゴルフクラブ……155
●**メラミン＋アロマ**
ゴミ箱……76
シミ……114
●**メラミン＋漂白剤**
まな板……84
●**メラミン＋クレンジングオイル**
メイクボックス……138
●**竹串メラミン＋クエン酸**
電気ポット……88

本文デザイン／青木佐和子
イラスト／まつむらあきひろ
編集協力／編集工房リテラ（田中浩之）

青春新書
PLAYBOOKS
人生を自由自在に活動《プレイ》する

人生の活動源として

いま要求される新しい気運は、最も現実的な生々しい時代に吐息する大衆の活力と活動源である。

文明はすべてを合理化し、自主的精神はますます衰退に瀕し、自由は奪われようとしている今日、プレイブックスに課せられた役割と必要は広く新鮮な願いとなろう。

いわゆる知識人にもとめる書物は数多く窺うまでもない。

本刊行は、在来の観念類型を打破し、謂わば現代生活の機能に即する潤滑油として、逞しい生命を吹込もうとするものである。

われわれの現状は、埃りと騒音に紛れ、雑踏に苛まれ、あくせく追われる仕事に、日々の不安は健全な精神生活を妨げる圧迫感となり、まさに現実はストレス症状を呈している。

プレイブックスは、それらすべてのうっ積を吹きとばし、自由闊達な活動力を培養し、勇気と自信を生みだす最も楽しいシリーズたらんことを、われわれは鋭意貫かんとするものである。

—創始者のことば—　小澤和一

著者紹介

大津たまみ〈おおつ　たまみ〉

1970年愛知県生まれ。(一社)日本清掃収納協会会長。(株)アクションパワー取締役会長。(一社)生前整理普及協会代表理事。清掃収納マイスター1級認定講師。21歳から清掃会社で働きはじめ、27歳でビルメンテナンス会社の役員に就任し、オリジナルの掃除メソッドを用いてスタッフの養成にあたる。2006年、"笑顔を届けるお掃除会社"(株)アクションパワーを設立。ハウスクリーニングはもちろん、整理収納、家事代行、生前整理など、清掃会社を超えた生活支援企業となる。清掃業界のカリスマとして、年間200本以上の講演のほか、テレビ、雑誌、新聞等で、片づけや掃除法を伝えている。『「汚れ予防」のコツと裏ワザ』(小社)、『一家に一本で家中ピッカピカ　お掃除ブラシJ』(セブン&アイ出版)、『親の家の片づけ方』(あさ出版)など著書多数。

ホームページ http://www.action-power.net/tamami/index.html

掃除《そうじ》のプロが教《おし》える

メラミンスポンジ スゴ落《お》ちの裏《うら》ワザ　青春新書 PLAYBOOKS

2019年10月1日　第1刷

著　者　大《おお》津《つ》たまみ

発行者　小澤源太郎

責任編集　株式会社プライム涌光

電話　編集部　03(3203)2850

発行所　東京都新宿区若松町12番1号 〒162-0056　株式会社青春出版社

電話　営業部　03(3207)1916　振替番号　00190-7-98602

印刷・図書印刷　製本・フォーネット社

ISBN978-4-413-21149-9